人生大学讲堂书系

人生大学榜样讲堂

精神领袖的人生坐标

JINGSHENLINGXIU DE
RENSHENGZUOBIAO

拾月 | 主编

主　编：拾　月
副主编：王洪锋　卢丽艳
编　委：张　帅　车　坤　丁　辉
　　　　李　丹　贾宇墨

吉林出版集团股份有限公司
全国百佳图书出版单位

图书在版编目（CIP）数据

精神领袖的人生坐标 / 拾月主编. -- 长春：吉林出版集团股份有限公司, 2016.2（2022.4重印）
（人生大学讲堂书系）
ISBN 978-7-5581-0730-6

Ⅰ. ①精… Ⅱ. ①拾… Ⅲ. ①名人 - 生平事迹 - 世界 - 青少年读物 Ⅳ. ①K811-49

中国版本图书馆CIP数据核字（2016）第041351号

JINGSHENLINGXIU DE RENSHENGZUOBIAO

精神领袖的人生坐标

主　　编	拾　月	
副主编	王洪锋　卢丽艳	
责任编辑	杨亚仙	
装帧设计	刘美丽	

出　　版　吉林出版集团股份有限公司
发　　行　吉林出版集团社科图书有限公司
地　　址　吉林省长春市南关区福祉大路5788号　邮编：130118
印　　刷　鸿鹄（唐山）印务有限公司
电　　话　0431-81629712（总编办）　0431-81629729（营销中心）
抖 音 号　吉林出版集团社科图书有限公司　37009026326

开　　本　710 mm×1000 mm　1 / 16
印　　张　12
字　　数　200千字
版　　次　2016年3月第1版
印　　次　2022年4月第2次印刷

书　　号　ISBN 978-7-5581-0730-6
定　　价　36.00元

如有印装质量问题，请与市场营销中心联系调换。0431-81629729

"人生大学讲堂书系" 总前言

昙花一现，把耀眼的美只定格在了一瞬间，无数的努力、无数的付出只为这一个宁静的夜晚；蚕蛹在无数个黑夜中默默地等待，只为了有朝一日破茧成蝶，完成生命的飞跃。人生也一样，短暂却也耀眼。

每一个生命的诞生，都如摊开一张崭新的图画。岁月的年轮在四季的脚步中增长，生命在一呼一吸间得到升华。随着时间的推移，我们渐渐成长，对人生有了更深刻的认识：人的一生原来一直都在不停地学习。学习说话、学习走路、学习知识、学习为人处世……"活到老，学到老"远不是说说那么简单。

有梦就去追，永远不会觉得累。——假若你是一棵小草，即使没有花儿的艳丽，大树的强壮，但是你却可以为大地穿上美丽的外衣。假若你是一条无名的小溪，即使没有大海的浩瀚，大江的奔腾，但是你可以汇成浩浩荡荡的江河。人生也是如此，即使你是一个不出众的人，但只要你不断学习，坚持不懈，就一定会有流光溢彩之日。邓小平曾经说过："我没有上过大学，但我一向认为，从我出生那天起，就在上着人生这所大学。它没有毕业的一天，直到去见上帝。"

人生在世，需要目标、追求与奋斗；需要尝尽苦辣酸甜；需要在失败后汲取经验。俗话说，"不经历风雨，怎能见彩虹"，人生注定要九转曲折，没有谁的一生是一帆风顺的。生命中每一个挫折的降临，都是命运驱使你重新开始的机会，让你有朝一日苦尽甘来。每个人都曾遭受过打击与嘲讽，但人生都会有收获时节，你最终还是会奏响生命的乐章，唱出自己最美妙的歌！

正所谓，"失败是成功之母"。在漫长的成长路途中，我们都会经历无数次磨炼。但是，我们不能气馁，不能向失败认输。那样的话，就等于抛弃了自己。我们应该一往无前，怀着必胜的信念，迎接成功那一刻的辉煌……

感悟人生，我们应该懂得面对，这样人生才不会失去勇气……

感悟人生，我们应该知道乐观，这样生活才不会失去希望……

感悟人生，我们应该学会智慧，这样在社会上才不会迷失……

本套"人生大学讲堂书系"分别从"人生大学活法讲堂""人生大学名人讲堂""人生大学榜样讲堂""人生大学知识讲堂"四个方面，以人生的真知灼见去诠释人生大学这个主题的寓意和内涵，让每个人都能够读完"人生的大学"，成为一名"人生大学"的优等生，使每个人都能够创造出生命中的辉煌，让人生之花耀眼绚丽地绽放！

作为新时代的青年人，终究要登上人生大学的顶峰，打造自己的一片蓝天，像雄鹰一样展翅翱翔！

人生大学榜样讲堂丛书前言

生命如夏花般多彩绚丽，生活如山峦般催人攀登。历史的钟声在新世纪的节奏中激荡，成功的号角为有准备的人而吹响，稚嫩的新苗还需要汲取更多的阳光雨露，而榜样，正是新时代青年成长的指引，积聚力量的源泉。

时光暗淡了岁月的影子，却定格了幸福的记忆；历史风华了沧桑的背影，却铭记了伟人的足迹；时代没有挽留踟蹰的过去，却留住了奋进的力量。面对挑战，面对希望，面对成功，每一个饱含激情的青少年都会跳动着时代的最强音符，释放出自己的全部能量。但在很多时候，智者的提醒，成功者的引导，都会成为我们前进道路上的捷径。因他们曾经用一往无前的坚持丈量出生命的高度，用自身的人格魅力传播着人生的正能量，用锲而不舍的努力奏响了时代的最强音。因为他们满怀美好，积聚力量，从未停下奋斗的脚步……

榜样，如夜空中璀璨的群星，照亮我们前行的方向。榜样的力量是无穷的，以成功人士为榜样，可以找准人生的方向，收获成长的力量；榜样的力量是无穷的，古往今来，人类历史上涌现出了众多的成功人士，他们或睿智通达，或坚忍不拔，或矢志不渝，或勇于任事……这些成功人士犹如历史长河中的一颗颗明珠，绽放出绚烂夺目的光彩。

假如你的成长中缺少了你可以学习的榜样，一路上只有你自己摸索前行，生命该是怎样的艰辛困苦。父母给予生命，老师传授知识，榜样赋予理想。我们已经拥有了生命，掌握了一部分的知识，剩下的就是找一个敦促我们为理想前进的榜样，来填补成长的空白，培养健康的身心。

培根说过这样一句话："读史使人明智。"而历史，恰恰是由千千万万个杰出历史人物凝聚而成的。他们是某一个时代的骄傲，是一个民族的杰出灵魂。他们在自己的领域最大限度地发挥自己的灵性，守护着自己的理想，他们的名字将永远写在历史上……

因此，对于青少年来说，向榜样看齐不仅能够增长知识、了解历史、陶冶情操，还可以汲取这些成功人士身上的优秀品质，使自己变得睿智。尤为重要的是，当我们走近名人，感受他们的心跳，感受他们的高尚情操，感受他们永恒的精神力量时，你会在无形中重塑崭新的自我，让自己的意志更加顽强坚定、精神更加无私高尚、思想更加成熟出众。

很多当代思想家、教育家也都一致肯定，通过学习阅读人物传记，可以使青少年收获一个虚拟的"老师"和一个虚拟的"偶像"。这个"老师"可以扩展青少年的眼界、塑造青少年的心灵；而这个"偶像"可以引导青少年向名人学习，从而约束或改正自己的不良行为和不良嗜好……最终让青少年重新认识并规划自己的人生：激励自己，成长自己，升华自己！

本套《人生大学榜样讲堂》系列丛书包括《耀世名人的榜样力量》《时代先驱的求索道路》《文韬武略的沙场人生》《心灵导师的智慧人生》《文艺大师的情操风范》《科学巨擘的人生贡献》《医界英才的济世传奇》《探索英雄的传奇故事》《财富精英的创富密码》《精神领袖的人生坐标》10本书，精选在各个领域中颇具代表性的成功人士的成长故事，为青少年的成长提供精神的营养、榜样的启迪。通过阅读《人生大学榜样讲堂》系列丛书，青少年不仅可以开阔眼界、增长见闻，还可以从榜样的经历中汲取拼搏的激情，领悟人生的真谛。本套丛书将每个榜样人物深刻地解读，字字值得品味，篇篇引人思索，让读者与书籍进行一次心灵的对话。读榜样故事，与大师交流，那些成功人士将指引你把握命运，点亮你智慧的火种，指引你前进的方向，激励你奋进的步伐，成就你美好的未来！

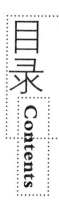

第1章 规划人生：人生因梦想而伟大

第2章 机遇人生：只为准备好的人存在

第 5 章　温情人生：爱是美德的种子

第 6 章　磨砺人生：苦难是最好的大学

第7章 辉煌人生：探求成功的奥秘

第 **1** 章

规划人生：人生因梦想而伟大

　　梦想和信念是支持我们取得成功的基石。树立一个美好的理想，就好像在人生中点亮了一盏指路明灯，在它的指引下，不屈服于任何困难，充满必胜的信念，向着自己的梦想不断前进，你的人生也会因此而变得美丽，你的人格也会因此而变得伟大。

第一节 罗丹
——为梦想而努力

奥古斯特·罗丹，法国著名雕塑艺术家。他 1840 年 11 月 12 日出生于巴黎一个普通雇员的家庭，14 岁随勒考克学画，后随巴里学雕塑，并当过加里埃·贝勒斯的助手，去比利时布鲁塞尔创作装饰雕刻 5 年。1875 年游意大利，深受米开朗其罗作品的启发，从而确立现实主义的创作理念，这是他早期作品的风格。

1876 年，他的作品"青铜时代"的展出引起强烈的反响，因为过于逼真，有人甚至断言这是用真实人体翻制的。后来他的作品发展出自己的风格，强调光影的作用，尤其他那穿着睡衣、披头散发的"巴尔扎克像"作品引起极大的轰动，这尊雕像直到他去世多年后的 1939 年才在巴黎市区立起来。而罗丹已经于 1917 年 11 月 17 日去世，享年 77 岁。

努力，一切为了梦想

1845 年，罗丹 5 岁的时候，由于他聪明过人，父亲提前把他送到了离家不远的耶稣教会学校上学，但是罗丹对宗教方面的书根本就不感兴趣，却非常喜欢画画。

一次在餐桌上，罗丹发现父亲脚边有一张纸，他趴下去用笔画出父亲皮鞋的样子，坐在他旁边的父亲发现罗丹趴在地上，忍不住吼起来："站起来！吃饭不好好吃，看我怎么收拾你！"当父亲发现罗丹趴在自己的脚边画画时，更加生气了："怪不得你学习这么不好，原来你是在干这个！"于是父亲非常生气地把罗丹打了一顿，并且当场让罗丹保证从此以后好好学习，不再画画了。

可是，这却没能阻挡罗丹对绘画的兴趣，虽然在家里他不敢明目张胆地画，但是在外面——哪怕是在墙上或是马路上，他总要画上几笔。

罗丹9岁的时候，学习成绩还是不容乐观。父亲把他送到了叔叔在乡下开办的学校去读书，在那里，他的绘画天赋让老师们都感到吃惊。

后来，父亲看罗丹的学习依然没有进步，开始对他失去信心，决心把这个成绩一塌糊涂的孩子送去工作。可是罗丹却顶着压力告诉父亲自己要去学画画。经过一段时间的准备，罗丹考上了巴黎工艺美术学校，素描老师看到了罗丹的习作后，非常高兴，并且很耐心地对他加以指导。

素描课结束以后，就该上油画课了，然而由于他的家人并不支持他学画画，所以罗丹很难凑到足够的钱去买颜料和画布。万般无奈之中，罗丹只好学习雕塑，因为雕塑的材料无非是木头和泥土，并不需要花多少钱。

最后，我们都知道罗丹成了继米开朗基罗之后欧洲最有成就的雕塑艺术家。

在希腊帕尔纳索斯的南坡上，有一个驰名整个古希腊的戴尔波伊神托所。据文献记载，在它的入口处人们可以看到刻在石头上的字，翻译成中文是"发现你自己"。

每个人自出生以来，身体中都隐藏着一项最特别的天赋。然而我们生活中的大多数人都是平庸的：一方面，可能是因为这项天赋没有被发现；另一方面，由于某些强权的存在，包括父母对子女的专制，而导致太多的"天才"被扼杀。那么如果我们发现了自身的天赋，就不能白白浪费掉，应该充分利用它，以此取得成功。用这些天赋来编织我们的梦想。

梦想和信念是支持我们取得成功的基石。树立一个美好的理想，就好像在人生中点亮了一盏指路明灯，在它的指引下，不屈服于任何困难，充满必胜的信念，向着自己的梦想不断前进，你的人生也会因此而变得美丽。

将梦想付诸行动

叔本华小的时候做过一个梦，梦到他拥有了很多喜欢的书，但醒来后，房间里空空的，一本新书也没有。他才知道只是做了一个好梦。他想：总有一天，我会真的有梦里那么多的书。

每天上学，他都要经过一个面包坊，然后买一个面包当早餐。后来他决定将早餐攒下来买新书，这天的上学路上，他又经过那个面包坊。一阵阵的奶油面包香味直扑鼻孔，他使劲地咽着口水。面包坊的老师傅看见他走过来，亲切地招呼他："小家伙，今天想吃什么面包？"虽然叔本华很想吃一个香喷喷的面包，但他更喜爱新书。于是他慌忙地撒了个谎："谢谢您，我已经吃过了。"然后，他逃似的转身跑了起来。上课的时候，老师在讲台上讲着数学题，可他的肚子在唱"空城计"了——早上没吃面包，现在肚子里空空的。他心想，为了买到新书，忍饥挨饿都是值得的。

就这样坚持了 3 天，他终于存够了买一本新书的钱。他把铁罐里的钱倒出来，仔细地数了一遍又一遍，"足够买一本新书了。"他自言自语道。他把钱又放回铁罐中，抱着小铁罐朝书店走去。来到书店，他大声地对书店里的店员说："阿姨，我要买一本新书。"店员奇怪地看着他，说："孩子，你有那么多钱吗？""我有，阿姨你看。"说着，他把小铁罐高高地举了起来，摇了摇，铁罐里的硬币发出清脆的响声。"你哪来那么多钱呢？"店员不相信似的问他。"这是我省下来的面包钱呢。"店员叹了口气，说："可怜的孩子。"说着，她便去书架上拿了他最喜爱的书。买了新书，他别提有多高兴了。他把新书紧紧地抱在胸前，一路蹦蹦跳跳地回了家。

回到家里，他找了一张牛皮纸，小心地把书的封皮包起来。他把新书放在鼻子底下，久久地闻着书页中散发的油墨芳香。得到新书的喜悦使他感到心满意足，晚上他把新书放在枕头底下，美美地睡着了。

叔本华在以后的人生中，一直坚持他爱读书的习惯，随着读的书越多，他就越学到越多知识，总觉得读得越多就越有更多地疑问。年轻的时候读的书，为叔本华成为一个著名的哲学家打下了深厚的基础，以至于后来他还说："我今天的成就，得益于我以前读的那些书，如果我没有能坚持下来，那么也就不会有今天的成就了。"

所有人都想取得成功，然而并不是任何人都可以做到。我们的兴趣加上不断地努力，则是通向成功的捷径之一。实现理想必须要付出很多努力，你要想成功，要把工作做得更好更出色，那么你就得比别人付出更多的努力，否则，你就会永远地落在别人的后面。

当代的青少年应该培养自己的某些强烈的期望，并把它们转化成生活中的具体目标。如果一个人没有明确的目标，以及达成这项目标的明确计划，那么他就会像是一艘失去方向舵的轮船。只有心怀梦想，并且行动起来，有坚韧的毅力，能够直面眼前的种种困难，不断努力，坚持不懈，这样才能达到自己的目标，实现自己的梦想。

第二节　安东尼·罗宾
——有梦就有希望

安东尼·罗宾斯，1960年2月29日生于美国加利福尼亚，是世界潜能激励大师、世界第一成功导师、世界第一潜能开发大师"全球五大演说家"。

安东尼·罗宾斯是继卡耐基之后的新一代潜能大师，80年代初期师从潜能大师吉米·罗恩，并跟随其开始潜能激发的培训。后来，罗宾斯开始独立开展巅峰能力培训，作为一个自我提升教练，他开始教授神经语言程式学及埃里克森催眠学等。

他的主要著作有《激发个人潜能Ⅱ》《激发无限的潜力》《唤起心中的巨人》《巨人的脚步》和《一分钟巨人》等，而且被翻译成数十种译本。1995年，安东尼·罗宾当选为"美国十大杰出青年"，同年，他被授予其最高奖项"金锤奖"。

有了梦想就有了希望

罗宾17岁的时候就离开了家，那时候他高中还没有毕业。他刚开始的时候摆过地摊，当过餐厅服务员，跑过推销……最后在一家银行担任洗厕所的工作，那时候他全部的家当就是一辆价值900美元的二手旧车——"金龟车"。他只能睡在"金龟车"里面，由于他交不起停车费，所以每天晚上必须跑到"7.11连锁店"门口睡觉，因为这家商店门口24小时免费停车。

直到两年后的某一天，他在一次偶然的机会中聆听了一位成功学大师的讲演，于是，他的人生开始有了新的变化。从那以后，他开始美慕与崇拜那位大师，自那一刻起他开始梦想自己有朝一日也能站在台上，风度翩翩地朝着台下成千上万的观众侃侃而谈。他开心地想象着——那将是多么荣耀的一件事。从此，这个穷小子开始有了新的梦想，怀揣着成为一个演讲家的梦。直到十多年后，原先人们眼中不名一文的穷小子，竟然摇身一变，成为街头巷尾人人谈论的名人。他终于成为世界成功学大师、世界潜能开发大师。

被誉为"艺术天才"的黎巴嫩作家纪伯伦曾说过："我宁可做人类中有梦想和有完成梦想的愿望的、最渺小的人，而不愿做一个最伟大的、无梦想、无愿望的人。"这句话在今天看来，依然是那样地让人警醒、引人深思。

日复一日的重复学习或工作，或许你的心态早已消沉，而你又是否发现你缺少了梦想和希望？人生看似漫长，实则如白驹过隙，经不起蹉跎和等待。没有梦想，就好像没有指路明灯，那只有浑浑噩噩、随波逐流于人世之中。这样的人生是一种悲哀，也抹杀了人生的意义。

生命不应就这样漫无目的地一天天消逝，每一个人都应该找到属于自己的梦想，为之坚持、为之奋斗。

实现梦想的路上或许充满了荆棘、坎坷，但是，所有的困难都只不过是你实现梦想、通往成功的调味剂。只要你不因此而丧失对梦想追逐的勇气和毅力，那么这些许困难又算得了什么呢？面对实现梦想路上的困难，只要你有克服困难的能力和实现梦想的信念，那么你就会像罗宾斯一样，没有什么能够阻挡你对实现梦想的渴望。

只要你怀揣梦想，你的生活就有了希望，而实现梦想的征程上的每一次进步，你都会感到快乐和幸福。

在这里不防引入王国维的"三重境界"——倘使你经历了"昨夜西

风凋碧树，独上高楼，望尽天涯路"时的彷徨，"衣带渐宽终不悔，为伊消得人憔悴"时的执着，从而克服种种磨难、重重险关，来到"众里寻他千百度，蓦然回首，那人却在灯火阑珊处"的梦想终点时，相信你一定会拥有属于你的光荣与梦想。

人不能没有目标

英国人伯恩斯在 1990 年公开登报"拍卖"自己时说："我饱尝失业之苦，为了得到一份工作，任何事我都肯干。我年轻力壮，吃苦耐劳，如果有人需要一名'奴隶'，请立刻通知我。"

伯恩斯原来是曼彻斯特的汽车装配工人，但是自从 1986 年他失业，4 年多来一直靠失业救济金过活，他虽然不必赚钱养家，但他忍受不了无事可做的滋味，他说："我快要被失业逼疯了。"

4 年来他始终不懈地努力但仍然找不到工作，于是他被迫登报"拍卖"自己，宁愿做一名"奴隶"，也不愿赋闲在家。后来他如愿找到了一份工作，这才觉得终于从泥淖中摆脱了出来，觉得生活有了奋斗的理由和希望，整个人也变得更加积极上进了。

可见，人不能丧失目标，没有目标的人就如同一具具没有生命的提线木偶，只会在社会这条河流中随波逐流，只会离成功的岸边越来越远。一条小溪，如果没有融入大海的觉悟和行动，只会慢慢地干涸，更不会有融入大海后的波澜壮阔。

试想：在浩瀚的大海中航行，如果没有灯塔的指引，轮船能到达预想的彼岸吗？在茂密的森林中穿行，如果没有指南针的指引，只凭借强壮的身体能走出森林吗？那么，在我们漫漫的人生道路上，如果没有正确的人生目标，无论你有多么超强的能力也不可能取得成功的。

因此，当代的青少年们，如果你想要看到登上山顶的壮观，想要闻到花朵的芬芳，请给自己一个目标，然后沿着这个目标奋勇前行吧！

第三节　巴雷尼
——运用梦想的力量

　　罗伯特·巴雷尼是奥地利人，小时候因病成了残疾，不过他身残志坚，以优异的成绩考进了维也纳大学医学院。1900 年大学毕业后，巴雷尼以全部精力致力于耳科神经学的研究。最后，终于在 1914 年登上了诺贝尔生理学或医学奖的领奖台。

　　1903 年，他开始在维也纳大学耳科工作。工作期间，他找到一些方法去应用内耳控制平衡感觉的知识。他用一些方法研究平衡障碍，例如在眼球运动后，用热液体和冷液体分别刺激两侧耳朵的方法。1914 年第一次世界大战开始时，巴雷尼为了研究脑损伤而自愿参加奥地利军队，俄国人俘虏了他。在做俘虏期间，他被授予诺贝尔生理学或医学奖。1916 年后，他在乌普萨拉大学任教。

梦想的力量是伟大的

　　巴雷尼小时候因病成了残疾，母亲的心就像刀绞一样，但她还是强忍住自己的悲痛。她想，孩子现在最需要的是鼓励和帮助，而不是妈妈的眼泪。母亲来到巴雷尼的病床前，拉着他的手说："孩子，妈妈相信你是个有志气的人，希望你能用自己的双腿，在人生的道路上勇敢地走下去！孩子，你能够答应妈妈吗？"母亲的话，像铁锤一样撞击着巴雷尼的心扉，他"哇"的一声，扑到母亲怀里大哭起来。

　　从那以后，妈妈只要一有空，就教巴雷尼练习走路、做体操，常常累得满头大汗。有一次妈妈得了重感冒，她想，做母亲的不仅要言传，还要身教。尽管发着高烧，她还是强忍病情按计划帮助巴雷尼练习走路。黄豆般的汗水从妈妈脸上淌下来，她用干毛巾擦擦，咬紧牙，帮巴雷尼完成了当天的锻炼计划。

　　长时间的体育锻炼弥补了残疾给巴雷尼带来的不便。母亲的榜样作用，更是深深教育了巴雷尼，他终于经受住了命运给他的严酷打击。他刻苦学习，学习成绩一直在班上名列前茅。最后，以优异的成绩考进了维也纳大学医学院。大学毕业后，巴雷尼以全部精力致力于耳科神经学的研究。最后，终于登上了诺贝尔生理学或医学奖的领奖台。

　　德国著名哲学家卡尔·西奥多·雅斯贝尔斯曾经说过："如果人被迫只顾眼前目标，他就没有时间去展望整个的生命。"如果当时巴雷尼只看到了眼前，只看到自己的残疾，不去想自己整个人生的意义，他怎么能一直坚持下来，并且取得了令人瞩目的成绩呢？当我们面对苦难的时候不要只看着眼前的苦难，而要看着战胜苦难以后的整个人生，一个拥有人生方向的人是不会被眼前的苦难阻挡前进的脚步的。

　　人生中充满了坎坷和艰险，可真正摧毁意志的不是苦难本身，而是自己的心迷失了方向。这个"方向"是目标、是梦想，是一个人赖以生存的精神支柱，也是一个人的人生希望和理想。只有热爱生活，对生活充满希望的人，才能牢牢把握住人生的方向。拥有了它，我们会感到困难不再是困难，我们将把困难当作经历，把经历当作财富。按照自己的方向朝着自己的梦想一步步地走下去，我们将拥有美好的生活。

　　经历苦难，为了自己的人生梦想奋力前行，在经历所有艰难险阻之后，我们会拥有绚丽的彩虹；嗅到生命的芬芳，我们会感到充实而满足；经历过了命运的残酷打击，我们得到的便是清风朗月的美丽——这就是梦想的力量！

坚持梦想使他流芳百世

华佗是我国东汉时期著名的医学家。他首创了"麻沸散"，是我国历史上第一个使用麻醉技术进行手术的医生，成为我国古代医学家中杰出的代表人物。

华佗从小爱好读书，富有钻研精神，对医学很有兴趣。在母亲的教育下，小华佗立志成为一位名医，以救民济世为本。

有一次他的母亲得了一种奇怪的病，忽冷忽热，周身疼痛，皮肉肿胀。华佗请来很有名气的大夫治病，也不见成效。母亲病故前对华佗说："孩子，记住你的母亲是被这种古怪的病折磨死的。我希望你早日学成医术，好让百姓少受疾病之苦！"

母亲的去世激发了华佗发愤学医的决心。他来到城里。要拜父亲的生前好友蔡大夫为师学医，蔡大夫打算考考华佗，看他是不是做大夫的材料。

蔡大夫主意已定，他见几位徒弟正在院子里采桑叶，而最高处枝条上的桑叶却够不着，便对华佗说："你能设法把最高的桑叶采下来吗？"华佗说："能。"他叫人取了根绳子，拴上块小石子，只一抛，绳子抛过枝条，树枝被压下来，桑叶就采到了。蔡大夫又看见两只山羊在斗架，眼都斗红了，谁也拉不开，就说："华佗，你能把这两只山羊拉开吗？"华佗又说："能"只见他拔来两把鲜草，放在羊的旁边，斗架的羊早就斗饿了，一见鲜草忙着抢草吃，自然散开不斗了。蔡大夫见华佗如此聪明，就收他为徒。

后来华佗跟随师父刻苦钻研学习，并且注重实践，最后终于成为被人拥戴的一代名医。

通过华佗的事迹我们懂得，拥有了一个梦想，并且矢志不渝地坚持

下去，最终都会做出成就，实现自己的人生意义。在漫漫人生征途中，谁都免不了经历风霜雨雪，走上崎岖不平的道路，在这种时刻，我们首先必须战胜自己，以一颗勇敢的心，去接受挑战。我们在面对各种苦难的时候，需要振作起来，刻苦努力，要有必胜的信心，坚信自己必将实现梦想。

梦想其实就是人生中最大的目标，要想成功，我们需要明确一个具体的人生目标。目标，对人生有导向作用。有了目标，我们做起事来就有了热情、有了积极感，更会有一种使命感。但这目标必须切实可行，脱离了实际的目标，无异于空谈，是无论如何都不可能实现的。做人应当求真务实一些，我们需要时刻清楚自己的能力，既不要好高骛远，也不能妄自菲薄。我们每个人都应找到一个合适的、明确的目标，朝之不懈奋斗。

要想实现梦想，离不开努力拼搏，持之以恒。俗话说，世上无难事，只怕有心人，想成就大事业，要有坚忍不拔的意志和百折不挠的精神。一个人之所以成功，不是上天赐予你的，是日积月累自我塑造的。因此，做事不能存在侥幸心理，成功永远属于勤奋刻苦、坚持到底的人。

第四节　伏尔泰
——要对梦想充满希望

伏尔泰(1694年11月21日—1778年5月30日)，原名弗朗索瓦－玛利·阿鲁埃，法国启蒙思想家、哲学家、文学家、启蒙运动公认的领袖和导师，被称为"法兰西思想之父"。他不仅在哲学上有卓越成就，而且以捍卫公民自由，特别是信仰自由和司法公正而闻名。尽管在他所处的时代审查制度十分严厉，伏尔泰仍然公开支持社会改革。他的论说以讽刺见长，常常抨击天主教教会的教条和当时的法国教育制度。伏尔泰的著作和思想与托马斯·霍布斯及约翰·洛克一道，对美国革命和法国大革命的主要思想家都有影响。

他的主要著作有《哲学通信》《俗世之人》《哲学辞典》《苏格拉底》《中国孤儿》等。

对梦想应该充满希望

伏尔泰是法国著名启蒙思想家、文学家、哲学家。当少年伏尔泰对做经纪人的父亲说自己要做一个诗人时，父亲的愤怒使餐桌发生了激烈的颤动。最终，他一个人来到巴黎，在这样一个大城市发展有无限种可能，这里提供使流浪汉成为天才的机遇，当然更可能是让他们成为无恶不作的恶棍的恶运。

年轻的伏尔泰凭借自己的才华很快成为巴黎大小沙龙的座上客，贵族小姐无不以结识他为荣。但中国的老话"木秀于林，风必摧之"，这在法国也不例外。刚到巴黎他就因出言无忌得罪摄政王被投入过专门关押政治犯的巴士底狱，但这位天才显然并不理会"吃一堑，长一智"的格言，很快就再次为自己的才华付出了代价，事情是这样的：某天，当他正在沙龙里对一群贵夫人高谈阔论时，一位叫罗昂的贵族打断他："你，就是那个除了吹牛什么也不是的伏尔泰么？"伏尔泰当然反唇相讥："你，就是那个除了有贵族名字就什么也不是的罗昂么？"两人怒目相向。结果沙龙结束后，独自回寓所的诗人在小巷被几个不明身份的小流氓暴打一顿。不过，打手们并没有忘记主人的嘱咐：不要打他的脑袋，毕竟那里边还有点货色。这也许可以证明这位罗昂并非完全无知。第二天，一瘸一拐的伏尔泰径直闯入罗昂的包厢并提出了决斗的要求。然后回家练习了一天剑术，虽然此前他从未学习过击剑。但是高贵的罗昂是不会拿自己的生命冒险的，通过他担住巴黎警察总监的表兄把这位急于复仇的诗人再次投入了巴士底狱。

"二进宫"的伏尔泰咬牙切齿，不久他被释放并押往英国。刚上岸他就乔装打扮一番，身怀利刃潜回了法国，可怜的诗人很快被识破并被重新逮捕，再次被押往英国。这次他被警告老老实实待在英国三年。

历史证明这段在英国的时光对他来说不完全是坏事，这三年在英国的收获肯定要比在巴黎的沙龙游手好闲多。当他重返家乡时已经用崭新的观念看待自己的祖国了，同时也对自己和罗昂的旧恨一笑置之，两人后来还化干戈为玉帛，成为朋友了——毕竟，没有罗昂，诗人不会发现世界上还有英国这样自由先进、开明的社会制度。当然，罗昂也应该感谢伏尔泰，要不是他和诗人之间的缘分，历史怎么会记住他的名字？——尽管他在活着时也是上流社会声势煊赫的一员。

对梦想应该充满希望，人生不能没有希望，没有希望的人生是苍白的。希望给我们力量和勇气，帮助我们去克服人生中的各种艰难险阻，去实现我们的梦想。

只要你有一颗坚韧的心，只要你对生活充满希望，你终将敲开成功的大门。

梦想没有阶级之分

克莱恩是古希腊时的一个奴隶，但是，他狂热地崇拜艺术。当时的法律规定：奴隶不得追求和从事艺术，否则将被判处极刑。而在这部法律获得通过之前，克莱恩已经是个忠诚的艺术工作者了，他怎么放得下这个伟大的工作呢？他感到痛苦和绝望。

而他的姐姐克莉恩，眼看弟弟的痛苦，万分难受。冥思苦想之后，她终于下定了决心："来，克莱恩，到地下室去继续你的工作吧！那里很暗，但比外面光明。"于是，克莱恩搬到了地下室，在克莉恩的精心守卫和照料下，继续着神圣而危险的创作。

时隔不久，所有的希腊人接到通知，被邀请到雅典参观一个艺术品展览。这次展览规模宏大，只能在当地的大市场上举行，而且由当时的执政官伯利克里亲自主持。这里陈列的都是伟大的艺术巨匠的作品。而这些琳琅满目、美不胜收的艺术珍品中，有一堆作品更加美轮美奂——它的艺术成就超过了所有在列的艺术品。

"这堆作品的作者是谁？"没有人回答。传令官再次重复了这个问题，人群中还是无人承认。突然人群中出现了一股骚动，一个英俊的少年被拖了出来。

"就是他，"一个士兵大声道，"这个奴隶制作了这些东西。"

"既然如此，"伯利克里道，"神圣的法律是不可违背的，而我又是负责执法的大臣，把他关起来吧。"

这时，克莱恩气喘吁吁地冲进人群，大声喊道："伯利克里，你放了他，这些作品是我创作的，如果艺术有罪的话，让我来接受这个惩罚吧！"

愤怒的人群大声喊道："把他关起来，把这个奴隶关起来。"

伯利克里在沉思许久后站起来，威严地说："现在我在这里，绝不能让这种事情发生！你们看看这些雕塑吧！如果一个天才的艺术家被我们愚蠢地扼杀，神会惩罚我们的。"

故事的结局当然是完美的，克莱恩和姐姐被释放了，而且从那以后，克莱恩可以自由地从事他喜欢的工作了。

荣誉和成功之门是对所有人开放的。只要你充满了对成功的渴望，只要你的确出类拔萃、卓尔不群，那么，你终将获得财富和不朽的名誉。也许，在奋斗的途中会有一些挫折和羁绊，请相信，那都是上天安排给每一个伟人必须经历的磨难。克服这些困难的唯一方法，就是无比坚定的信念和意志！要相信，只要你坚强，只要你努力，你可以成为一个比你自己想象得更好、更出色的人。不管别人怎么看轻你，都别看轻自己！因为只有你自己才知道你想成为一个怎样的人物，而你的所作所为，只会证实你是一个怎么样的人。

第五节　怀特黑德
——梦想成于不懈坚持

阿尔弗雷德·诺思·怀特黑（1861年2月15日—1947年12月30日）德是英国数学家、哲学家。他出生于英国的肯特郡，在美国马萨诸塞州剑桥逝世。1885—1911年任教于剑桥大学，1924—1937年任教于哈佛大学。他与罗素合著的《数学原理》，是20世纪逻辑研究的重大科学成果。

怀特黑德的哲学历程可以说是起因于牛顿物理学的崩解，这是他所亲自见证的，使他大为震撼。他的形而上学见解出现于他的《自然之概念》，而在他的《科学与现代世界》的论文中他的形而上学就已架构完成了，这本书也是对思想史，对科学和数学在西方文明兴盛过程中的角色之重要研究。怀特黑德的形而上学受到柏格森的哲学影响，但他也是一个柏拉图主义者，认为"诸事件之特征源于超时间单体对之契入"。

坚持不懈方能成就梦想

有个英国教师名叫约翰，一天他在整理阁楼上的旧物时，发现了一叠练习册，它们是麦金小学B（2）班31个孩子的作文，题目叫："未来我是————"

他本以为这些东西，在那漫长的岁月中早已遗失了，没想到它们竟安然地躺在自己家里，并且一躺就是 40 年。他顺便翻了几本，很快被孩子们千奇百怪的自我设想迷住了。比如有个叫彼得的小家伙说，未来的他是海军大臣，因为有一次他在海中游泳，喝了 3 升海水都没被淹死……最让人称奇的是一个叫怀特黑德的小孩子，他认为将来他必定是英国一个著名的哲学家，因为他觉得即便学习不好也可以成为著名的哲学家。

总之，31 个孩子都在作文中描绘了自己的未来。约翰读着这些作文，突然有一种冲动，何不把这些本子重新发到同学们手中，让他们看看现在的自己是否实现了 40 年的梦想？当地一家报纸得知这一想法，为他发了一则启事，之后书信向约翰飞来，他们中间有商人、学者及政府官员，更多的是没有显赫身份的人。

他们都表示很想知道儿时的梦想，并且很想得到那本作文本。约翰按地址一一给他们寄去。一年后，身边仅剩下一个作文本没人索要，他想这个叫怀特黑德的人也许死了，毕竟 40 年了。就在约翰准备把这个本子送给一家私人收藏馆时，他收到著名哲学家怀特黑德的一封信，信中是这样说的："那个叫怀特黑德的是我，感谢你还为我们保存着儿时的梦想。不过我已经不需要那个本子了，因为从那时起我的梦想一直在我的脑子里，我没有一天放弃过。不管这些年我受到多少磨难，我心中从来没有忘记过我的梦想。40 年的风风雨雨过去了，可以说我已经实现了那个梦想。今天我还想通过这封信告诉我其他的 30 位同学，只要不让年轻时的梦想随岁月飘逝，成功总有一天会出现在你的面前。"

每一个人都会有自己的梦想，可是又有多少人能最终实现自己的梦想呢？在漫长而崎岖的人生路上，很多人常常会因为对沿途危险、复杂的路况产生畏惧而放弃了追求梦想。

人都是有惰性的，面对着需要长久坚持的事物，人们往往会望而却步，更不用说孩提时的梦想。一旦自己与孩提时的梦想渐行渐远时，人们常常会安慰自己孩提时的梦想是不切实际的。这种掩耳盗铃式的自欺欺人，显示了我们的懦弱与无能。

人活于世，总得有一样东西，让我们为之努力、为之坚守，这样才不枉来到人世走一遭。或许有人会说，不是所有的坚持都会有回报，可能到头来还是一场空。是的，世事无常，没有一切绝对的事情，但是可以肯定的是只有你为你的梦想做出坚持、为之奋斗，你才能无限接近乃至实现你的梦想。

勤奋成就梦想

李大钊从小读书异常勤奋刻苦。幼年时，便以才思敏捷、能文善诗而称于乡里。他辛勤好学的一些故事，至今还在家乡传为美谈。

7岁时，祖父送他到附近黄瓜口村的塾师单子鳌那里读书。当时，读书是为了应试科举，读的是《四书五经》一类，入学之始，还要先读一段蒙学。李大钊跳过了蒙学阶段，一入学就和较大的孩子们一起读《四书》。这些宣扬孔孟之道的书虽然陈腐，但当时在他家乡一带，资产阶级民主主义的"新学"还没有传过来，就只能通过这些书来学习初步的文化知识。李大钊读书非常认真，他在同学中年岁最小，但却是最用功、学得最好的一个。放学了，别的同学全回家了，他还一个人留在自己的座位上背书，往往要老师催促几次才回去。

李大钊的学习进步很快，在黄瓜口村念了3年书，老师就向他祖父提出："这孩子的学业良好，我已经教不了他了，还是另请明师吧！"此后，大钊到小黑坨村跟秀才赵辉斗念书，又到井家坨的举人宋某家跟一个叫黄玉堂的老师念书，后来，李大钊读书越发刻苦努力了。在井家坨读书时，有 20 多个学生，晚间别人都睡了，他还在孜孜不倦地攻读，每天都要读到半夜。直到 1905 年 16 岁的他考入永平府中学。

当时，清朝政府为了维护它的反动统治，不得不做某些表面上的改良，实行了所谓"废科举、办学堂"的改革。李大钊原是报考秀才，正赶上这个变动，结果考进了中学。当时，就像考上秀才一样，村里照旧放铁炮、贴报单、坐棚车，热闹了一番。

在永平府中学，李大钊仍然勤奋不懈地读书，每次考试都名列前茅，课余时间也很少游玩，是班上出名的好学生。

年少时的刻苦勤奋为李大钊后来成就革命事业奠定了很好的学识基础，他后来成为第一个把马克思主义思想带到中国的革命者。

民间有句谚语叫作"早起的鸟儿有虫吃"，意在阐述做人要勤奋的道理；古人也云："勤能补拙。"勤奋是通往成功之路必须拿到的一把钥匙，勤奋是成功的必经之路上的一个路标。蒲丰说："天才就是毅力"；歌德说："天才就是勤奋"；高尔基说："天才出于勤奋"；卡莱尔也说过："天才就是无止境地刻苦勤奋的努力"；季羡林说："成功 = 天资 + 机遇 + 勤奋"……

勤奋是打开智慧之门的一把金钥匙。所以，无论做什么都需要勤奋，只有勤奋才能使人赢得巨大的成就，只有以勤奋作为起点才能成就梦想，才能拥有更美好的未来。

第 2 章

机遇人生：只为准备好的人存在

　　机会对我们所有人都是平等的，它有可能降临在我们每个人的身上，但前提是：在它到来之前，你一定要做好准备。愚者错失机会，智者抓住机会，成功者创造机会。机遇只偏爱有准备的头脑，能否抓住机遇、利用机遇，关键在于人们的准备，在于人们知识文化思想等多方面的准备，在于勤奋努力。

第一节 爱迪生
——主动寻找机遇

爱迪生,美国发明家、企业家,拥有众多重要的发明专利。被媒体授予"门洛帕克的奇才"称号的他,是世界上第一个利用大量生产原则和电气工程研究的实验室来进行发明创造的人。他发明了很多东西,包括对世界极大影响的留声机、电影摄影机和钨丝灯泡等。在美国,爱迪生名下拥有 1093 项专利,而他在美国、英国、法国和德国等地的专利累计超过 1500 项。

机遇靠主动寻找

大发明家爱迪生小时候家里并不富裕,假期他不能像其他孩子一样无忧无虑地玩耍。他对爸爸说:"爸爸,在这个夏天我要自己找一份工作。"爸爸听了之后十分震惊,对爱迪生说:"好呀,我也想帮你找一份工作,但这不管用,现在失业的人太多了。"

"爸爸,你还没明白我的意思,我是说我要自己找一份工作。我要一切都由自己来做,尽管现在失业的人有很多,可是并不证明我就找不到工作啊!有些人总可以找到适合自己的工作的。"

后来,爱迪生在广告栏上看到了一份适合自己的工作,广告上要求应聘的人要在第二天早晨 9 点到达位于林肯街的一座大楼面试。第二天,爱迪生没有睡懒觉,他在早晨 8 点钟就早早地到达了那里。可是已经有 20 个男孩排在那里了,他是第 21 个。怎么才能引起老板的注意呢？最后爱迪生想了个办法，他拿出一张纸，在上面端端正正地写了一些东西，然后整整齐齐地折好，走向秘书小姐，恭敬地对她说："请您马上把这个纸条交给你的老板，这很重要。"后来爱迪生真的被录取了，他是当时为数不多的几名幸运者之一。因为，那张纸条上写着："先生，我排在第21位，在您没有看到我之前，请不要做决定。"

生活中，那些软弱和优柔寡断的人总是找借口没有遇到成功的机遇。其实，人的一生中，每时每刻都充满了让你成功的机遇，有时候机遇就在你身边，有时候它需要你努力去找寻、去把握。

在现实生活中，遇到自己想要做的事情，不要畏首畏尾，只要认准了这件事，就大胆地去做。机遇不是等来的，只有自己主动去寻找，才能得到，不要让自己成为机遇的奴仆，要想成功，你只有主动去寻找机遇。

机遇面前人人平等，成功的人和失败的人不同，成功的人主动寻找机遇，而失败的人却是等待机遇来寻找他。人的一生虽然漫长，但紧要关头却往往只有几步。只有主动寻找机遇的人，才会把这几步走得漂亮，为自己的人生做一个美好的转折。

抓住机遇就是抓住了成功

理查德·雷诺兹是"骆驼"牌香烟的创始人。闻名于世的"骆驼"牌香烟，以其上佳的品质，充满神秘的东方情调的"骆驼"烟标的独特设计，在竞争激烈的烟草行业中盛名不衰，"骆驼"牌香烟问世至今已有80余年了，它已成为世界名牌香烟中的常青树。

"善于夹缝中生存，巧于在竞争中抓住机遇"，这就是雷诺兹成功的秘诀。

1851年，理查德·雷诺兹出生于美国。他从小就聪明好学，很注意观察周围的事物。24岁那年，一次偶然的机会，雷诺兹发现了商机。当时人们吸的烟还都是自己动手用烟草卷的，雷诺兹强烈感觉到这种手工操作的累赘。于是，他决定在北卡罗来纳州的云丝顿—萨勒姆建立自己的一个小工厂，生产一种扁形品嚼香烟，由此，迈开他在烟草业创业的第一步。

1884 年，詹姆斯·布查南·杜克（美国著名烟草商）麾下的美国烟草公司把雷诺兹的烟草公司逼进了死胡同。压价竞争使雷诺兹濒临破产，他把自己的公司卖给了对手，使之归并到美国烟草公司的旗帜下。

尽管初战失败，但雷诺兹并没有丧失斗志，依然密切关注着香烟市场，关注着时局的变化。他知道自己还太年轻，没有雄厚的资本和丰富的经验，他只能总结教训，积蓄力量，等待时机，以图东山再起。他有信心要"杀回马枪"。

雷诺兹的苦心没有白费，他等待的机会终于来了。当时，大型托拉斯集团疯狂地垄断各行业的市场，给美国造成了极大的社会动荡。全国上下反对垄断，反对托拉斯的呼声越来越强烈，以罗斯福总统为首的美国政府不得不顾及整个资产阶级的利益，先后出台了一系列反托拉斯的政策和法令，要求一些大型托拉斯集团予以分割，其中也包括了美国烟草公司。

这给了时刻等待机会的雷诺兹一个天赐良机。雷诺兹决心重振雄风，向美国烟草公司这个强大的对手挑战，改变由它独占烟草市场的局面。

雷诺兹满怀信心地按照新思路进行了反复试制，终于配制出符合自己理想的新型香烟：既包含了弗吉尼亚烟草的纯正、明快，又带有土耳其烟草的浓烈气味和特殊芳香，做到了兼有两种系列烟草的特色和优点。

雷诺兹对自己的新产品寄予厚望，他决定将这种新型烟命名"骆驼"，由此，这个世界上又多了一个著名的品牌。

"骆驼"的名称定下来了，商标图案也有了，剩下的就是宣传了。1913年，一个名叫"巴纳姆和比利"的马戏团来到了雷诺兹公司所在的云丝顿市，呈现了精彩的骆驼表演，这个事件给了雷诺兹以灵感，他开创了别具一格的广告宣传。

在云丝顿的大街小巷，到处都有骆驼的贴画和"骆驼来了"的标语。一时间，骆驼成了市民的中心话题，"骆驼"牌香烟销售直线上升，演出更使促销活动达到高潮。雷诺兹公司抓住机会，向激动的观众免费赠送"骆驼"牌香烟，人们纷纷抢要这个纪念品，并高喊着："我们要骆驼！我们要骆驼！"从此以后，"骆驼"香烟名声大噪，顺利进入市场。

现在，"骆驼牌"成为人尽皆知的著名品牌，这是雷诺兹的成功之作，更是得意之作。

最靠近你的机会，就是最重要的、最迫切的，把手头的机会抓住了，才可能获得成功。

人生观及价值观正处于塑造期的青少年，千万别错过了人生积蓄实力的黄金时期，重视可以改变自己命运的时刻：遇到苦难时——每个人遇到灾难、挫折、批评时，要能挺得住，能借此改变自己，灾难就会转换成让自己变强大的机遇。遇到伯乐时——每个人要善于辨识谁是你人生的伯乐，相信他，接受他的指引，他就会让你的人生发生巨大的改变。

许多人总爱抱怨命运的不公，缺乏成功的机遇。其实，所谓的成功，从某种意义上讲，就是抓住机遇的过程。那些成功者，就是因为抓住了机遇而走向了成功，我们之所以没有成功；那是因为不善于抓住机遇，对现实中的一切都熟视无睹。

成功需要机遇，机遇铸就成功。机遇不是上天的恩赐，它只属于那些善于发现的人，珍惜并且抓住机遇，并为之执着一生，你就会赢得最后的成功。

第二节 奥斯特洛夫斯基
——挫折也是一种机遇

尼古拉·阿列克谢耶维奇·奥斯特洛夫斯基是苏联作家、坚强的布尔什维克战士、著名的无产阶级作家。他 1904 年 9 月 29 日出生于工人家庭，因家境贫寒，11 岁便开始当童工，15 岁上战场，16 岁身受重伤，25 岁身体瘫痪，1936 年 12 月 22 日去世，去世时年仅 32 岁。他的长篇小说《钢铁是怎样炼成的》是 30 年代苏联无产阶级革命文学中最优秀的作品之一。1935 年底，他被苏联政府授予列宁勋章，以表彰他在文学方面的卓越贡献。

挫折就是机遇

我们知道《钢铁是怎样炼成的》，知道保尔·柯察金，那就一定知道他们的创造者——奥斯特洛夫斯基。

命运对奥斯特洛夫斯基是残酷的：他只念过 3 年小学，青春消逝在疾驰的战马与枪林弹雨中。面对命运的严峻挑战，他深切地感到："在生活中没有比掉队更可怕的事情了。"奥斯特洛夫斯基与命运进行了英勇的抗争：他不想躺在残废荣誉军人的功劳簿上向祖国和人民伸手，他用沸腾的精力读完了函授大学的全部课程，如饥似渴地阅读俄罗斯与世界文学名著。书籍召唤他前进，对知识的渴望使他在曲折的路上披荆斩棘。

当奥斯特洛夫斯基的文化和文学素养达到一定水平后，他写了一本描述柯扎克斯基部队中英雄战士的中篇小说，寄给一家杂志社，却未被采用。可他并未灰心丧气，他深深地懂得：一蹴而就的事是少有的。每个成功者头上的桂冠和脖子上的花环，都是经历的那些痛苦、冷落，甚至歧视换来的。因此，奥斯特洛夫斯基忍受着病痛的折磨，默默地向自己的目标攀登。

1933年，他终于完成了《钢铁是怎样炼成的》一书。对此，他高兴地惊呼："生活的大门向我敞开了！""书就是我的战士！""站着用枪战斗，躺着用笔战斗，死后用书战斗。"这就是作为一名战士和作家的奥斯特洛夫斯基的一生。

位于莫斯科高尔基大街14号的奥斯特洛夫斯基博物馆，本是当年苏维埃政府分配给奥斯特洛夫斯基的新居。当时，他虽然年仅32岁，却已双目失明，四肢瘫痪，全身不能活动，双手丧失了写字的能力，连转动头部也极为困难。正如他在自传中所写："体力几乎全部丧失了，所剩的仅仅是一种想要多少对自己的党和工人阶级尽些力量的热望。"他不想在安闲无聊中消磨自己有限的生命，一种强烈的历史责任感，使他难以放下手中新的战斗武器——笔。

当时据医生诊断，奥斯特洛夫斯基还可以活5年，但他本人对病情的严重程度十分清楚。他曾对护士说："我知道我的病情严重，我感到遗憾的是，还有那么多工作没有完成。"在临终前的一个月，他已经清楚地感到死神正向他扑来，但他没有要求去看病，更没有停下笔去休养，而是拼命加班，与死神争分夺秒。他让秘书们实行"三班制"守在他的床头，他躺着口述，妻子与助手们帮他打字，他自己则一刻也不肯休息。

奥斯特洛夫斯基思想的烈马，驰骋在乌克兰与波兰交界的辽阔的原野上，他口述的每一个字母都像无情的子弹，射向德国侵略者。奥斯特洛夫斯基在新住宅里住了短短7个月就去世了，但他却以惊人的毅力完成了他的又一部长篇力作《暴风雨所诞生的》。他在给斯大林的信中写道："我这一生都将献给社会主义祖国青年一代的布尔什维克教育事业，直到最后一次心跳为止。"

1936 年 12 月 2 日，在完成了《暴风雨所诞生的》第一卷后，这位伟大的布尔什维克战士的心脏停止了跳动。

他的故事告诉我们，勇敢地面对挫折，能使你变得更加坚强，你的潜能也将得到更大程度的发挥。在挫折到来的时候，我们更应该懂得如何把挫折变成机遇。

在我们的人生旅途上，难免会遇到挫折，但是，要把挫折当作成功的机遇，当作通向成功的阶梯。只有那些在挫折中无所畏惧，在挫折中总结经验，在挫折中开拓奋进者才会走进成功的大门。

不经历风雨，怎么能见彩虹？挫折是阻挡弱者的大山，却也正是锤炼强者的熔炉，挫折其实也是一种机遇。

冷门亦是机遇

19 世纪，在美国加利福尼亚州发现了黄金，于是，出现了一股淘金热潮，许多人跑到加利福尼亚州去挖黄金。当时年仅 17 岁的小农夫亚默尔也准备去碰碰运气。他穷得买不起船票，只得坐着大篷车风餐露宿地奔向加州。因为挖黄金是力气活，再加上环境恶劣，亚默尔感觉自己很难适应。过一段时间，他听到口渴难耐的找矿人的抱怨："谁能给我一壶水，我愿意给他一个金币。"但就是这样一壶水也很难买得到，大家都不舍得卖自己的一壶水。矿山里气候干燥，水源奇缺，找金矿的人最痛苦的事情就是没有水喝。

找矿人的牢骚，给了亚默尔一个启发：既然自己不适合挖金矿，不如卖水给找金矿的人，也许比找金矿赚钱更快。于是他放弃了找金矿，转而开始卖水给找矿的人。他开始挖水渠引水，经过过滤，变成清凉可口的凉水，再把水装进壶里卖给找金矿的人。当时有不少人嘲笑他，说大家来加州是为了挖金子赚钱，干这种蝇头小利的生意何必背井离乡到加州来。亚默尔并不在意别人的冷言冷语，继续卖水。因为挖金子的人很多，而且对水的需求量也很大，同时又没人愿意干卖水的生意，很快亚默尔就赚到很多人挖金矿都赚不到的钱，而一些挖金矿的人却因为找不到金矿而忍饥挨饿被迫离开加州。

在人生中，每个人都在寻找成功的机遇，但往往只有很少的人寻找到了机遇，并通过它实现成功的梦想。成功从不青睐那些人云亦云者，成功很简单，站在成功顶端的人，往往甘于做一些别人不屑于做、不愿意做的平常事就意味着机遇，一些冷门的东西也是机遇，他们也往往能从别人想不到的角度开创自己的事业。

人的一生就是一个不断选择的过程，当我们开始为成功奋斗的时候，我们仔细地观察通往成功的道路，这些道路中也许有康庄大道，但更多的是崎岖小路。通向成功的道路是不固定的，我们不能只看到别人所走的路，也要找找别人没有走过的路，也许你所找的没有人走的路，就是一条通往成功的通途。当所有人走同一条路的时候，往往只有很少的人才能走在最前面，栖身于所谓的"冷门行业"，也许会获得意想不到的成功。

第三节　笛卡尔
——机遇与困难并行

勒内·笛卡尔，1596年3月31日生于法国安德尔·卢瓦尔省的图赖讷（现笛卡尔，因笛卡尔得名），1650 年 2 月 11 日逝世于瑞典斯德哥尔摩，是法国著名的哲学家、数学家、物理学家。他对现代数学的发展做出了重要的贡献，因将几何坐标体系公式化而被认为是"解析几何之父"。他还是西方现代哲学思想的奠基人，是近代唯物论的开拓者，提出了"普遍怀疑"的主张。他的哲学思想深深影响了之后的几代欧洲人，开拓了所谓"欧陆理性主义"哲学。

机遇与困难是一对孪生兄弟

法国著名哲学家勒奈·笛卡尔喜欢在工作之余去散步。有一天，笛卡尔在公园散步的时候发现了一个失恋的年轻人在公园里伤心的哭泣。于是笛卡尔向着年轻人走了过去，轻声地问他说："你这是怎么啦？为何哭得如此伤心啊？"失恋的年轻人回答说："我好难过，我对她那么好，那么地爱她。为什么她要离我而去？"

不料，笛卡尔听完后却哈哈大笑，并说："你真笨呀。"失恋的人便很生气地说："你怎么这样，我失恋了，已经非常难过了，你不来安慰我就算了，你还骂我。"笛卡尔笑着回答他说："小傻瓜啊，你这根本就不用难过啊！真正应该难过的是离你而去的她啊！因为你只是失去了一个不爱你的人，而她却是失去了一个爱她的人及爱人的能力。"

我们的人生，是由一件件细小的事情组成的。一个波澜壮阔的人生，总是要由无数的不幸、痛苦、艰难险阻组成。如果你想要美丽的人生，就不要惧怕这些，相反，我们还要感谢这些，正是这些装点了人生的美丽。就像那个失恋的人一样，也许正是因为失去了这份不和谐的恋情，他才能在以后的日子里找到自己真正的灵魂伴侣。

在森林中行走，我们会发现许多美丽的风景，但在这美丽的风景背后也许是一个个的危险的陷阱在等着我们；相反的，一些穷山恶水的地方，也许会埋藏着无数的财富，只有克服了困难，我们才会发现那埋藏着的、让你受益终生的财富，正如一句歌词所言："不经历风雨，怎么能见彩虹？"伴随着风雨到来的不仅仅是狂风，也许还有那多彩的美丽。

任何机遇和困难都是一对孪生兄弟，它们是并行的，只有摆正心态的人，才能去正视它，然后去想办法解决它。幸福之所以甜蜜和让人期待，那是因为我们克服了幸福背后的苦难；坚强的人之所以不恐惧苦难，正是因为他们看到了苦难背后的成功。

行走在人生这条大路上，遇到难走的路不要难过和伤心，这是锻炼我们的机遇，也是获得幸福的必经之路。机遇和困难并行，幸福和苦难并行，这就是人生，能够接受它们的辩证存在，我们就能够更坦然地去把握困难后的机遇。

苦难中孕育着机遇

人生如梦，变化多端：机遇与挑战并存，苦难与幸福同在。唐僧西天取经历经九九八十一难仅差一难都不能成佛，这难道只是天数么？

每个人自幼儿起就在心中憧憬梦想，天真烂漫，幼稚单纯，海市蜃楼，付出不切合实际的行为几经碰壁，痛苦不已。

但在人们的生活中的确有许多机遇有的清晰可见，有的瞬间即逝，这就考验每个人的见识与胆略，还有环境与担当。

看到机遇，抓住机遇，付出行动，继而到达理想彼岸，一般都要历经艰辛与苦难，方可增长才干。苦难可以成就你的未来，俗话说：逆境出人才就是此理。

周文王姬昌在狱中研究"易经"。他最初的目的仅仅是为了预测自己的命运，为了短暂地忘记那难忍的侮辱和锥心的苦痛。

但他的研究成果却为预测学理论埋下了第一块基石，对中国天人合一的哲学思想做了最早的探索，他创立的易经演绎方法，也被当代科学家借鉴到现代科研中。

这个故事给我们一个重要启示：**任何事情都不是一帆风顺的，"好事多磨""难事惊险"就是这个道理。**世界上没有不可承受的痛苦，人们有着抵挡苦难的巨大潜力。当命运给了你意外的灾难后，你要坚信自己不会被压垮，你要迅速找到使自己重新站起来的办法。只有历尽千辛万苦，才能到达光辉的顶点。

在人们遇到辱生之难的时候，可以看到人心的阴暗和人性的丑恶；也可以感受到人的毅力的珍贵和人的灵魂的高贵；还可以让自己的精神得到一次升华，并获取在逆境中生存与前行的勇气。

现代社会的发展突飞猛进，新生事物层出不穷：新思维、新观念标新立异，新现象、新硕果应接不暇！世界上竟然有好多人不知道什么是新生事物，总担心会违背常理，不敢越雷池一步，自然是错失良机，坐井观天。当一些捍卫与发展新生事物的人们在拼命创业的时候，难免受到周围环境的嘲讽与抵触。他们有时困难重重，却毅然选择了忍辱负重。漫长的人生中不乏苦难，殊不知在这些苦难中就孕育着成功的机遇。

机会是在纷纭世事之中许多复杂因子在运行之间偶然凑成的一个有利的空隙，这个空隙稍纵即逝，所以要把握时机，需要眼明手快去"捕捉"，而不能坐在那里等待或因循拖延。想要成功必须具备快速抓住机遇的能力。

所以，当代的青少年朋友们有必要培养在困难中发现并抓住机遇的能力，一旦机遇到来，千万不要错过了，它将给你人生带来累累硕果。

第四节　管仲
——把握机遇施计谋

　　管仲，姬姓，管氏，名夷吾，字仲，谥敬，被称为管子、管夷吾、管敬仲，颍上（今安徽省颍上县）人，周穆王的后代。中国春秋时代齐国的政治家、哲学家。管仲被视为中国历史上宰相的典范，其在任内大兴改革，重视商业。

　　管仲变法的主要功绩有：废除井田制，建立土地税收制度，允许土地买卖，承认土地私有化；建立常备军。

把握机遇，巧施计策

　　春秋时期，齐国宰相管仲，把齐国治理得井井有条。齐国强大了，各地诸侯基本都承认了齐国的霸主地位，只剩下楚国不听号令，齐王因此准备发兵征服楚国。当时，齐国有好几位大将纷纷向齐桓公请战，要求挂帅攻打楚国，但却遭到了宰相管仲的反对。管仲认为眼下齐军疲惫，不宜久兴兵事，他命人日夜抢铸铜钱。

　　一天，管仲派百余名商人到楚国去购鹿。当时，鹿是较为普通的动物，楚国盛产鹿，人们把鹿作为肉用动物，两枚铜币就可买到一头鹿。同时，管仲派商人在楚国到处扬言："齐桓公好鹿，不惜重金购买。"齐国商人开始购买鹿。开始 3 枚铜币一头，后加价到 5 枚铜币一头。于是楚人竞相到山中猎鹿，鹿资源日益短缺，商人又从中哄抬鹿价。一个月后，鹿价涨到了 40 枚铜币一头——这 40 枚铜币在当时可以买到 5000 公斤粮食。高昂的利润使楚国上下变得疯狂起来，农民不再种田，改行做了猎人；士兵不再练兵，背起弓箭偷偷上了山。

一年之后，楚国国内铜币堆积如山，但田地荒芜，粮源断绝。

管仲又向各诸侯国发号施令，禁止与楚国交易粮食。这下不得了，楚国人拿着大把的铜币却买不到粮食，全国闹起了饥荒，人们四处逃难，楚军人黄马瘦，完全丧失了作战能力。管仲见时机已到，即集合八路诸侯人马，开往楚国边境。楚成王内外交困，忙派大臣向齐国求和，保证从此听从齐国的号令。

管仲其实早就预见了买鹿这件事会引起的连锁反应，他广为散布"齐桓公好鹿"的流言，不惜抛出铜币哄抬鹿价，使楚国人再也无心从事农业生产，从客观上切断了楚军的粮源供给，然后果断地集合八路诸侯进兵楚国，逼迫楚王臣服。

管仲不动一刀一枪，不死一兵一卒，兵不血刃地治服了本来强大的楚国。后来，人们把管仲的这个策略称为"买鹿之谋"。

在这个故事里，管仲正是因为创造并且把握了机遇，才能"杀敌于无形"，一举成功。我们每个人都有远大的眼光和高明的见解，当机遇到来的时候凭借自己的智慧和计谋取胜。

生活对待每一个人都是公平的，给予别人成功机遇的同时，也给予你同样的机遇。但是机遇往往是突然出现的，即使出现了，也往往是稍纵即逝。机遇可遇而不可求，当你意识到出现机遇的时候，一定要把握住它，千万不要掉以轻心，就算困难再大，也不能轻言放弃。

常言道，人生的得失，关键在于机遇的得失。一味只知道埋头苦干未必就可以春风得意、功成名就，还需要远见卓识。其实，在人生的道路上，如果你能够一马当先，抓住机遇，哪怕只比别人早那么一小步，你也会大获全胜。

勇敢抓住机遇的手

摩托罗拉，一个多么响亮的品牌。有了它，才有了第一部全中文手机，我们应该感谢这个改写了通信历史的人——保罗·高尔文，正是在他的辛苦努力之下，才有了摩托罗拉的雏形和壮大，才有了我们今日的方便和便捷。

高尔文的成功在于他在关键时刻都能以超强的魄力和独到的眼光抓住机遇。

20世纪20年代，随着汽车的风靡一时，收音机的大行其道，这两种新型产品结合在一起自然成为一种发展趋势。但是，由于安装过程复杂、音质不良、价格昂贵，最重要的是如果要收听广播，司机必须把引擎停下来等原因，直到1930年很多人都还是拒绝在车上安装收音机。

高尔文敏锐地意识到这是扩大公司影响的一个绝佳良机。他向他的员工提出挑战，去设计一个价格低廉并可安装在大多数汽车内的简易车用收音机。这关系到公司的生死存亡。为此，他把自己的全部精力都投入了进去。高尔文和公司的员工互相鼓励着，走过了这段最难熬的日子。精诚所至，金石为开！经过尝试和失败，1930年6月，他们终于生产出一台样机。高尔文带着这个辛苦的结果去收音机制造商协会，虽然没钱在会场租一个展位，但他机智地将汽车停在会场外，把这个样机安装在车内，以便参观者在入场前就能看到他们的收音机。这一成功的战略为公司带来了足够的订单，使他对车用收音机的未来充满了信心。

为了强调收音机可以在汽车行进过程中使用，高尔文将他已颇有名气的收音机取名为摩托罗拉——"摩托"是汽车的引擎，"罗拉"则是形容汽车收音机里传送出的欢快而悦耳的声音。这个名字既醒目又有趣，很快受到了热烈欢迎。第一代商用、车用收音机就这样诞生了。

但是，尽管如此，难题依然存在，汽车收音机的安装程序过于繁琐，为此遭到了不少客户的投诉。高尔文连忙召开紧急会议，最后决定建立一个"公认的摩托罗拉安装站"，来克服这个难题。几年之后，在全国范围内发展了一支熟练的安装队伍，摩托罗拉也在市场上独领风骚。从此，摩托罗拉开始了它在成功道路上的远行。

这个故事告诉我们，能够主动发现机遇、抓住机遇、创造机遇的人，往往都能具有敏锐的洞察力和预测能力。在一开始的时候，我们不一定能够具备这种能力，但是我们至少要有这种意识。机会是要自己争取和把握的，不把握眼前的机会，那么机会绝不可能主动地来找你。

在生活中，青少年要从现在开始学会发现机遇，但最重要的是当机遇来临时我们要抓住机遇。所谓"抓住机遇"，最重要的是一个"抓"字，也就是要主动出击，不能等，不能靠。机会青睐勇敢且有准备的人。

第五节　罗斯
——平庸与成功的差距

德里克·玛特尔·罗斯是美国篮球运动员，1988 年出生于芝加哥，现效力于 NBA 纽约尼克斯队，身高 1.93 米，体重 91 公斤，司职位置控球后卫，绰号"风城玫瑰"。罗斯在 2008 年 NBA 选秀正式成为芝加哥公牛队队史上的第一位状元。2010—2011 赛季，22 岁的罗斯成为 NBA 联盟历史上最年轻的常规赛最有价值球员。

差之毫厘，谬以千里

加盟 NBA 6 年，罗斯一直默默无闻，他先是效力于掘金队，后又转入步行者队。在步行者的前两年他的日子一点儿都不好过，他得不到教练布朗的赏识，时常被晾在替补席上。

"记得有一个赛季，连续有几场都没有让我上场，而当时我身上根本没有伤。"说起那段痛苦的经历，罗斯至今感到心寒，但他认为这让他学会了很多，尤其是让他学会了忍耐，使他更加明白什么是值得他去珍惜的。

直到伯德到步行者队执教，才给罗斯带来了转机。罗斯在密歇根大学打球时，伯德曾看他打过球，当时就觉得他很有打球的天赋。所以伯德到步行者队对罗斯说的第一句话就是："我相信你有天赋，我会重用你。"伯德的话给了罗斯极大的信心，他勤学苦练，技巧很快得到了提高，并很快被列入首发阵容。

后来罗斯成了步行者队的中流砥柱。在一次总决赛的比赛中，罗斯更是表现不凡。"罗斯一直是我最欣赏的队员之一，"伯德说，"他的成功归功于他的踏实和努力。"

平庸与成功的人起初往往只有着很小的差距，而这很小的差距却往往导致一个人成功，一个人平庸。这很小的差距就是：成功的人善于等待，伺机而动在机遇到来的时候能抓住它，用自己的汗水和踏实的努力去征服它，而平庸的人却与机遇擦身而过。

人生是一艘远航的帆船，随时随地都可能遇到各种暗礁险滩、狂风怒号，而这些危险的背后却伴随着让狂风恶浪归于平静的机遇，能抓住机遇的人才能横渡这险恶的大海，而那些错过机遇的人往往在狂风中迷失方向。平庸与成功的差距仅有一线之隔，也许失败的人所缺少的仅仅是一个机遇，以及为机遇的到来所做的准备。

上帝给一个人关闭了一扇门，同时也会给人打开一扇窗。每个人都有遭遇困难的时候，不要轻言放弃，不要灰心沮丧，做好该做的事，用自己的汗水和努力等待机遇的出现，一旦发现机遇牢牢地抓住它，凭借这机遇摆脱平庸，达到成功的彼岸。

要会捡天上掉下来的"馅饼"

机遇可能藏在勤奋学习中，它青睐勤奋刻苦和生活中的有心人。

亚历山大·弗莱明是英国细菌学家。

弗莱明从一个穷苦农民的儿子成长为卓有学识的细菌学家，在伦敦大学圣玛丽医院从事细菌学研究几乎就是他事业的全部。

弗莱明两次在实验室里获得意外发现的故事已广为人知。第一次是 1921 年，患了感冒的弗莱明无意中对着培养细菌的器皿打喷嚏，后来他注意到，在这个培养皿中，凡沾有喷嚏黏液的地方没有一个细菌生成。随着进一步的研究，弗莱明发现了溶菌酶——在体液和身体组织中找到的一种可溶解细菌的物质，他以为这可能就是获得有效天然抗菌剂的关键。但很快他就丧失了兴趣，试验表明，这种溶菌酶只对无害的微生物起作用。

1928 年运气之神再次降临。在弗莱明外出休假的两个星期里，一只未经刷洗的废弃的培养皿中长出了一种神奇的霉菌。他又一次观察到这种霉菌的抗菌作用——细菌覆盖了器皿中没有沾染这种霉菌的所有部位。不过，这一次感染的细菌是葡萄球菌，这是一种严重的、有时其致命的感染源。经证实，这种霉菌液还能够阻碍其他多种病毒性细菌的生长。青霉素（弗莱明在确认这种霉菌是一种青霉菌之后选定了这个名字）是否就是他长期以来一直在寻找的天然抗菌素？它是可敷在伤口上的有效杀菌剂吗？进一步的试验表明，这种抗菌素作用缓慢，且很难大量生产。他的热情也随之凉了下来。在他转向其他研究项目之前，他在1929年发表的一篇论文中介绍了自己的上述发现，但当时这篇论文并未引起人们的重视。

弗莱明在论文中提到青霉素可能是一种抗菌素，仅此而已。他没有开展观察青霉素治疗效果的系统试验。他给健康的兔子和老鼠都注射过细菌培养液的过滤液——进行青霉素的毒性试验，但从未给患病的动物注射过。如果当时他做了这方面的试验，这种"神奇药物"很可能会提早10年问世。

在英美两国媒体的共同努力下，关于弗莱明为创造一项医学奇迹而坚持不懈奋斗的传奇故事很快就传开了。媒体在科学史上几乎很少犯下如此严重的愚蠢错误：它们把弗莱明描述成发现青霉素的天才，而对牛津大学的研究小组要么只字不提，要么仅用几句话一带而过。但在弗莱明本人的演讲中，他总是把青霉素的诞生归功于弗洛里、柴恩和他的同事所做的研究。

诺贝尔奖评奖委员会并没有受舆论的蒙蔽而将1945年的诺贝尔医学奖授予弗莱明一人。作为弗莱明的合作者，弗洛里和柴恩与他共同获得了诺贝尔医学奖。

何机遇的到来，都有其前因后果，"种瓜得瓜，种豆得豆"，关键是我们要懂得如何把握这难得的机会。

成功的因素是复杂的，很多青少年会觉得机遇的降临也许令人不可思议，以致使他们认为它是命运的意志。但是，只要我们就每个人的一生作一番思考，就会发现机遇的产生和利用都需要有其主、客观条件。相对来说，主观条件更为重要。

爱因斯坦曾说过："机遇只偏爱有准备的头脑"，这便是主观条件。这里的"准备"主要有两方面的内容：一是知识的积累，没有广泛而博深的知识，要发现和捕捉机遇是不可能的。二是思维方法的准备，只具备知识而没有现代思维方式，是看不到机遇的，只好任凭它默默地从你身边溜走。

青少年没必要去羡慕别人机遇之难得，努力培养自己可以抓住机遇的头脑吧，这才是最主要的。就算天上掉馅饼，也得"会捡"才行。

第六节　皮尔·卡丹
——自信就是机遇

皮尔·卡丹于 1922 年出生于意大利水城威尼斯近郊，是一位知名的服装设计师，父母都是法国人。他很早就对服装设计感兴趣，据说童年时喜欢替邻居的洋娃娃设计新衣服。

1945 年，皮尔·卡丹 23 岁时，他在巴黎参加电影《美女与野兽》的服装设计，作品颇受好评。此后，他的设计才华逐渐受到欣赏。1950 年，他独立开设了服装设计公司，地点选在巴黎的里什庞斯街上。早期公司承接相当多剧服、面具等表演艺术的案子，1954 年开始跨入时装领域，并开设了精品店名为伊芙。他认为时装必须大众化，价格和设计都要以平民为出发点来着想。

1973 年，皮尔·卡丹的事业已臻成熟，为了跨国的布局，他以自己的名字成立了法商皮尔·卡丹公司，此后公司事业日渐全球化，在男装、女装、服饰配件中都是国际知名的品牌。皮尔·卡丹在二十世纪六十年代晚期开始设计许多不同的产品，包括闹钟、咖啡壶、家具、汽车、钢笔等。他最擅长的经营策略是创立截然不同的产品线和品牌，成功之后销售给想要继续经营的公司。1980 年以后他甚至跨界经营餐饮业，他的马克西姆餐厅在伦敦、纽约、北京开设分店。

自信也是一种机遇

1949 年，在一个阴雨绵绵的日子里，巴黎的一个酒吧中，有一个 17 岁的小青年独自一个人喝着闷酒。他出生在威尼斯的一个商人家庭，本来应该拥有幸福的生活，但第一次世界大战毁掉了他父亲的生意，一家人被迫迁回法国。母亲没有工作，父亲已无力东山再起，全家的负担都落在他稚嫩的肩膀上。

此时，他正在一家红十字会打工，靠着勤奋和聪明，他当上了一名小会计，但会计的收入很低，根本就负担不了一家人的生活开支，就连一件像样的衣服都买不起，他只好自己做，好在他有裁剪的爱好，做出来的衣服还能穿。

"我的前途在哪呢？偌大一个巴黎，难道就没有我的容身之地吗？"他一杯接一杯地饮着酒，一遍一遍地这样想。这时候，一位衣着华丽的伯爵夫人坐到小青年的旁边来了，并和他说起了话。

"你身上的衣服哪买的？做得很不错。"伯爵夫人问道。小青年回答说："是我自己做的。"伯爵夫人显然很吃惊，但她肯定地说："孩子，努力吧，你会成功的。"

正是因为这样一个肯定的评价，小青年心头的阴霾立即消散了，因为，还没有一个人这样夸赞过他，何况是一位伯爵夫人。

1950 年，坚信自己能够成功的小青年租了一间简陋的门面房，开了一家服装店。就在这一年，他为一部著名的影片设计了剧服，主办了一次服装展示会。之后，小青年的事业步入快车道，一步一步朝他的目标迈进，最终成为著名的服装设计师，1974 年被美国《时代》杂志评为"本世纪欧洲最成功的设计师"。这个青年就是皮尔·卡丹。

"冬天来了，春天还会远吗？"人生也是等待自己的机遇的过程，当你充满了自信，把自己最美好的一面展示给外界的时候，属于你的机遇也就快到来了。学会自信地生活，为了你艰辛而美丽的人生，展现自己的美好，机遇就在不远处。

面对机遇，自信是一种力量，只有拥有了这种力量，在机遇到来的时候，我们才会紧紧地抓住它，并通过它取得成功。在生活中，人们也喜欢自信的人，因为在面对困难的时候，自信的人往往能让人想要依赖和感到希望。很多时候，我们面对困难，只要你拥有自信，坚持下来，结果常常是曲径通幽，柳暗花明。

青少年朋友们，不要在哀怨没有机遇的到来，只要你拥有自信，就能走到成功的终点。相信自己，就是机遇，不放弃成功的信念，就能获得最终的胜利。

自信是成功之路

自信，成功之路的明灯。有了它，才能战胜困难，不断地超越自己。

桑兰曾在中国体操队享有"跳马公主"的美誉，并获得过多项荣誉，但她却意外地在 1998 年的体操训练中失手，导致瘫痪。

"颈椎骨折"的意外打击，不仅使小桑兰失掉了金牌，还几乎丢了性命。面对命运的无情和残酷，桑兰没有失去生活的勇气，而是处处展现了坚强的生存意志。坚强的她没有选择沮丧，而是坦然地接受了命运的挑战，始终坚持以自己的方式实现着自己的奥运梦想。

央视著名主持人白岩松对桑兰的一生影响很大。桑兰说："当初一心想读大学，也没想过要读什么专业，开始觉得法律不错，但不是特别钟爱。有一次上白岩松老师的节目，他以一位友人的身份鼓励我读新闻，就决定了我今后的方向了，碰巧在我拿到北大入学通知书的下午，就签约了星空卫视。"

这个告别了自己心爱的体操训练场的女孩，如今在星空卫视主持一档体育节目，她把这一切都看作是自己"奥运冠军梦想"的延续，她希望能在自己跌倒的地方勇敢站起来，换一个身份再次亲近她最爱的体育运动。此后，喜爱媒体事业的她开始以一种率直的访问风格出现在观众面前，从多角度、多层次地向观众们讲述奥运金牌背后鲜为人知的故事，并以她自然、自信的主持风格和真实的感染力赢得了许多观众的认可。

桑兰在人生的灾难面前，勇于做自己的主人，获得了人生最大的金牌：桑兰的微笑里充满着自信、自强、自爱。她是个爱美的姑娘，而人最美的表情是微笑。无论在运动场上，还是在病榻上，桑兰总是以微笑示人。这动人的微笑，给他人以温馨和爱意，给自己以鼓励和鞭策。

经过多年艰苦勇敢的奋斗，桑兰迎来了人生的另一个春天。桑兰受到星空卫视的力捧，除了破天荒地以主持人的名字为节目命名外，这个特别节目还一直做到 2008 北京奥运会开幕那天为止。

虽然已经无法在赛场上奋斗，但是，桑兰说："我会在主持人的岗位上，继续为我喜爱的运动事业做贡献。虽然我没有经验，还有身体的原因，但是我一定能面对的，我正在充实自己，学习文化。我可以做得很好的。"一路遇到重重的困难，桑兰告诉我们，她是凭着运动员的精神和永不放弃的毅力走过来的。

人需要自信，要相信自己的能力，要不断地挑战自己，超越自己。人的生命，不同于其他动物之处，就是在于他能思考、有自信力、有毅力，可以达到非常高的精神活动的境界，能够战胜自我，拥有战胜任何艰难困苦的信念，敢于向极限挑战，使自己的生命之光照亮世界，使人类生命焕发出更加灿烂的光芒！

对青少年来说，许多事情，关键不是能不能，而在于敢不敢。一个谨小慎微、畏首畏尾的人，其实是在束缚和封闭自己，机遇往往会与他擦肩而过，失之交臂。有时将自己"逼上梁山"，才能"置之死地而后生"，闯出一片新天地。恩格斯说："勇敢和必胜的信念常使战斗得以胜利结束。"须知，自信通向成功之门。

第七节　李维·施特劳斯
——机遇垂青有准备的人

李维·施特劳斯，是第一个发明牛仔裤的人，创立了著名品牌"李维斯"。1979 年，李维公司在美国国内总销售额达 13.39 亿美元，国外销售盈利超过 20 亿美元，雄居世界 10 大企业之列。1976 年，美国 200 年国庆之际，美国人将牛仔裤作为美国人对人类服饰文化的贡献送进了迈阿密的国家博物馆，载入了美国史册。

机遇眷顾有准备的头脑

1829 年，李维·施特劳斯出身于一个德国的小职员的家庭，作为德籍犹太人，李维从小就很聪明，顺顺利利地上完中学、大学，就如他的父辈一样，他当上了一个文员。1850 年，一则令人惊喜的消息为人们带来了无穷的希望和幻想：美国西部发现了大片金矿，淘金的美梦每个人都在做。于是，无数个想一夜致富的人如潮水一般涌向那曾经是人迹罕至、荒凉萧条的西部不毛之地。

李维·施特劳斯当时 20 多岁，他心中的冒险因子也在蠢蠢欲动，他不安于做一个安稳的小职员，李维渴望冒险，想通过自己的劳动，运气赌一把，于是他放弃了这个过于无味的工作，加入到浩浩荡荡的淘金人流之中。

经过漫长的路程，李维来到美国旧金山，他这时才发现自己的莽撞，自己并不是第一个去淘金的人，曾经荒凉的西部现在到处都是淘金的人群，到处都是帐篷，这么多的人蜗居在一个个帐篷里，能实现发财梦吗？难道自己抛弃工作来到这里，就这样无望地等待？他陷入深深的思考之中。

这么多的淘金者都待在一个地方，生活在帐篷里，再加上离市中心很远，买东西十分不方便。一次偶然的机会，李维看到那些淘金者为了买一点日用品不得不跑很远的路，自己也深有体会。于是，他决定了，不再做那个遥不可及的金子梦，还是踏踏实实地定下心来，开一家日用品小店，不再从土里淘金，而是从淘金人的身上开始自己新的梦想。

不出李维所料，这家小店的生意很不错，来光顾的人络绎不绝。很快，李维的成本就赚回来了，还有了不少的利润。有一天，他又乘船外出采购了许多日用百货和一大批搭帐篷、马车篷用的帆布。由于船上旅客很多，那些日用百货没等下船就被人们抢购一空，但帆布却无人理会。到码头卸货后，他就开始高声叫喊推销帆布，由于淘金者们都已搭好了帐篷，谁也不会费钱费力再去搭第二个，眼看帆布要赔本了。

李维本来以为帐篷是人们的必需品，却没想到竟然无人问津，非常沮丧，忽然他见一位淘金工人迎面走来并注视着帆布。连忙高兴地迎上前去，热情地问道："您是不是想买些帆布搭帐篷？"那工人摇摇头："我不需要再搭一个帐篷，我需要的是像帐篷一样坚硬耐磨的裤子，你有吗？""裤子？为什么？"李维·施特劳斯惊奇地问道。那工人告诉他，淘金的工作很艰苦，衣裤经常要与石头、沙土摩擦，棉布做的裤子不耐穿，几天就磨破了。

"如果用这些厚厚的帆布做成裤子，肯定又结实又耐磨，说不定会大受欢迎呢！"淘金工人的这番话提醒了李维·施特劳斯。他想，反正这些帆布也卖不出去，何不试一试做裤子呢？于是他灵机一动，用带来的厚帆布仿制美国西部的一位牧工杰恩所特制的一条式样新奇而又特别结实耐用的棕色工作裤，向矿工们出售。

1853 年，第一条日后被称为"牛仔裤"的帆布工装裤在李维·施特劳斯手中诞生了，随后大受欢迎，当时它被工人们叫作"李维氏工装裤"。

牛仔裤以其坚固、耐久、穿着合适获得了当时西部牛仔和淘金者的喜爱。大量的订单纷至沓来。1853 年，李维正式成立了自己的牛仔裤公司，开始了这个著名品牌的漫漫发展之路。

现在大家知道，牛仔裤几乎已经成为每个人的必备衣物。李维的事迹说明了一个道理：愚者错失机会，智者抓住机会，成功者创造机会，机会只是给准备好的人。机会对于有准备的人来说，是通向成功之路的催化剂，李维·施特劳斯就是一个有准备的人。

青少年可能会觉得世界上最可悲的一句话就是："曾经有一个非常好的机会，可惜我没有把握住。"遗憾的是，这种事情在很多人身上都发生过，只是也许当时你还没有能力去承受。

其实，机会对我们所有人都是平等的，它有可能降临在我们每一个的身上，但前提是：在它到来之前，你一定要做好准备。机遇偏爱有准备的人，中国有句古话："台上一分钟，台下十年功。"我们常羡慕别人的机遇好，羡慕命运对别人的青睐、羡慕别人的成功，却没来看到荣耀和鲜花背后所付出的千辛万苦。

机遇只偏爱有准备的人，能否抓住机遇、利用机遇，关键在于人们的准备是否充分，在于人们知识、文化、思想等多方面的准备是否全面，在于勤奋努力的程度。青少年朋友，你准备好了吗？去发现机遇、抓住机遇、利用机遇，获得成功吧！

学会在机遇面前取舍

著名电视制作人摩洛·路易斯的非凡成就来自两次明智的取舍和成功的拼搏。

20岁时，摩洛放弃了在广告公司颇有发展的工作和旁人梦寐以求的职位而决心自己创业，这便是他人生中的第一次拼搏。他放弃收入稳定、前途似锦的工作，完全投身于未知的世界，从事创意的开发。结果，成绩令人满意。

他的创意主要是说服各大百货公司，通过CBS电视公司成为纽约交响乐节目的共同赞助人。当时，这种性质的工作对人们来说相当陌生，所以做起来困难重重。因此，几乎所有人都认为他不可能成功。

摩洛十分卖力地在各地进行说服工作。结果，他做得相当成功：一方面，他的创意大受欢迎，与许多家百货公司签成合约；另外，他向CBS电台提出的策划方案也顺利被接受。计划眼看着就要步入最后的阶段，但由于合约内某些细节未能达成而终告流产，他的梦想也随之破灭。但"塞翁失马，焉知非福"，此事结束之后，一家公司马上来挖墙脚，聘请他为纽约办事处新设销售业务部门的负责人，并支付他3倍于以前的薪水。于是，摩洛又再度活跃，他的潜力得以继续发挥。

几年之后，摩洛再度回到广告业界工作，但这次并不是从基层做起，而是直跃龙门——他担任了承包华纳影片公司的业务的汤普生智囊公司的副总经理。

那个时代，电视尚未普及，但摩洛看好它的远景，认为电视将快速发展，于是他便专心致力于这种传播媒体的推广，这便是摩洛人生中的第二次拼搏。最初两年，他仅是纯义务性地在"街上干杯"的节目中帮忙，没想到竟使该节目大受欢迎，至今仍是最受欢迎的综艺节目之一。

从 1948 年开始到今天整整六十余年的时间，它的映播从未间断，这是在竞争激烈的电视界内非常罕见的现象。除了节目成功之外，他被 CBS 公司任命为所有喜剧、戏剧、综艺节目的制作主任。

在机会面前，我们应该学会取舍，敢于放弃旧的才能获得新的发展空间。当我们面对机会时，其实抉择权是掌握在自己手里的。在有限的生命中，上苍赋予我们许许多多宝贵的礼物，"选择的权利"就是其中一项。有时，只有我们敢于取舍，才能寻找到新的机遇。

第 ③ 章

放眼人生：世界为有远见的人让路

美国作家唐·多曼曾在《事业革命》一书中这样说："把眼光放长远是踏上成功之路的一条秘诀"。把眼光放长远我们才能开阔自己的思维，最大限度地发挥自己的潜能。只有拥有创新意识和远见，那么他的一生才会成为永不停滞的一生，整个世界都会为他让路。

第一节　王选——把目光放长远，干前人没有干过的事业

王选 1937 年 2 月 5 日生于上海，江苏无锡人，中国科学院院士、中国工程院院士、第三世界科学院院士、北京大学教授、汉字激光照排系统的创始人和技术负责人。1992 年，王选研制成功世界首套中文彩色照排系统。他所领导的科研集体研制出的汉字激光照排系统为新闻、出版全过程的计算机化奠定了基础，被誉为"汉字印刷术的第二次发明"。

王选在计算机应用研究和科学教育领域里取得了重大成就，1991 年获国务院特殊津贴，1995 年获联合国教科文组织科学奖、何梁何利科学与技术进步奖，2002 年获 2001 年年度国家最高科学技术奖。2006 年 2 月 13 日，王选在北京病逝，享年 70 岁。

干前人没有干过的事业

王选教授的惊世之作精密汉字照排系统使中文印刷业告别了"铅与火"，大步跨进"光与电"的时代。他被人们赞誉为"当代毕昇"和"汉字激光照排之父"。

王选出身于上海的一个知识分子家庭。在轻松自然的学习气氛中，以优异的成绩上完了小学。1954 年考进北京大学数学力学系，选择了计算数学专业，成为莘莘学子中的佼佼者。毕业留校参加我国第一台红旗计算机的研制，成为当时国内研究高级语言编译系统的著名专家之一。

1974 年，电子部等五单位发起汉字信息处理技术的研究，被列入国家重点科研项目"748 工程"。北大数学系讲师、王选的夫人得知这个消息，告诉了在家养病的王选。他再也躺不住了，攻克汉字处理难关是他多年来的夙愿，他一直梦想用自己的智慧和双手，让计算机技术融入中国出版印刷业。

当时国内已有五家院校和科研单位申报承担汉字精密照排系统，王选决定参加这场竞争。做好充分准备的王选具有强烈的创新意识，他决心独辟蹊径，跳过前三代机，直接向国外最先进的第四代激光照排机发起冲击。四代机的发展在国外用了整整 40 年，而王选则想把 40 年历史压缩进他的照排机蓝图里。

目标定好后，汉字字形信息量太大就成了最大的难题。那些日子，王选满脑子的汉字横竖弯勾，连做梦也尽是笔画，最后想出了用数学计算汉字轮廓曲率的方法。经过几个月呕心沥血地奋斗，他就像一位魔术师那样，让庞大的汉字字模减少了 500 倍，扫清了研制汉字精密照排系统的最大障碍。

1975 年 11 月，北京召开汉字精密照排系统论证会，王选抱病参加了会议。由于身体虚弱，说话困难，由妻子代他发言并用计算机展示了模拟实验的结果。当时，王选的方案对多数人来说就像"天方夜谭"，有人甚至说这是王选的数学"畅想曲"，是玩数学游戏。回家后，王选夫人开玩笑说道："咱们还是算了吧。"王选却认真地回答："干！决不放弃！"

从此，王选几乎放弃所有的节假日，努力使自己的方案完善并具体化，一步步解决高倍率汉字压缩和高速不失真还原轮廓汉字等难题。面对压力，王选从不抱怨，只是默默地加快自己的工作进度，带领着一帮年轻人夜以继日地勤奋工作。他们创造性地采用了许多令世界瞩目的新方法，照排控制机上的电路板，那些由密密麻麻的集成电路组成的尖端高科技设备，大多是王选他们自己动手做出的。

1979 年 7 月，精密汉字照排系统的第一台样机调试完毕。大家围在样机旁，紧张地注视着它的动作，机房里只有敲击计算机键盘发出的嗒嗒声。转眼之间，从激光照排机上输出了八开报纸的一张胶片，王选怀着既兴奋又紧张的心情接下这张可以直接印刷的胶片。一年后，支持这套系统的电脑软件，包括具有编辑、校对功能的软件也先后研制成功，并排印出第一本样书。

通过鉴定、验收后，王选和他的同事马不停蹄地向实用性的激光照排机发起挑战，制造出了华光电子排版系统。1985 年，新华社第一次采用华光机排出了新闻日刊；1986 年，《经济日报》在华光机支持下，成为全世界第一家采用屏幕组版、激光照排的中文日报社，并于翌年出版了国内第一张激光照排的报纸。

在巨大的成功面前，王选并没有满足。在他的积极推动下，北京大学成立了北大方正公司，将王选不断研发的更先进技术成果推向市场，全国出版界 80% 使用了国产激光照排机；在港、澳、台地区，已有 100 家华人报刊和出版社使用"方正"；哪怕在全世界几乎没有中文出版物的地方，方正产品都占有绝对优势。当国外电脑企业纷纷大举进军我国市场的时候，唯独在出版领域，那些外国公司则悄悄地撤出了中国。

"我们所干的是前人没干过的事业"，王选这位"当代毕昇"以自己辛勤劳动的成果，托起了中国出版印刷业的伟大革命，为国家创造了数十亿元的效益。

走前人没有走过的路，做前人没有做过的事，这就是王选精神。

血气方刚、不甘人后是青少年的鲜明特征。干事业、干工作要有一股闯劲、一股冲劲，要有干不成事业就寝食不安的劲头，有精益求精、敢争第一的勇气，要充分体现出青少年特有的态度。创新是一个民族的灵魂，更是青年人的特点。要勇于创新，走前人没有走过的路，做前人没有做过的事，不断进行创造性的实践，这样才能取得前所未有的成功。

青少年要紧密结合自身实际情况，要有勇于开拓的创新意识、海纳百川的开放意识，勇于崛起、敢于超越，以观念的大更新来推动时代的大跨越。

远见之光

1985 年，英国的牛津大学发生了一件"学校大事"。

校方在工程检查时发现，有 350 年历史的学校大会堂的安全性已经出了问题。20 根由巨大橡木制成的横梁，已经风干朽化，失去了支撑的力道，必须更换才行。

校方请人估算了将梁木更新的价格，由于那么巨大的橡木已经很稀少了，预估每根横梁要花 25 万美元，才能完成修缮工程，但也没把握能找到那么大的橡树。

巨款一算出来，校方焦头烂额：若不募款，恐怕没有办法进行整修。这时，却有个天降的好消息化解了危机，园艺所负责人前来报告：350 年前，设计该大会堂的英国著名建筑师莱伊恩，已经想到后代会面临的困境，所以早早请园艺人员在学校所拥有的土地上种植了一片橡树林，现在，每一棵橡树的尺寸，早就超过了横梁所需。

这位知名的建筑师墓园已荒芜，但在 350 年后，他的用心让人肃然起敬。这才是真正的远见。

我们的书本中一直宣传"可持续发展"，所有人都希望下一代依然过着美好的生活，然而我们这一代有很多人，却还没有意识到破坏自然、浪费资源的严重性。有位生态学家说："现代人好像坐在一辆超速的快车，快要撞上山壁了，乘客们却在车上拼命抢位子。"这的确值得我们好好反省一下，我们要把眼光放长远，不能只顾眼前利益而牺牲后代的未来。

很多时候，我们缺乏真正的远见——建设性的远见。远见是积极性的作为，而不是消极性的杞人忧天。我们应该好好考虑一下自己的人生态度，将目光放在更长远的位置，为自己、也为后世创造一片美好的蓝天。

第二节 卢梭
——由钓鱼所想到的

让·雅克·卢梭，法国伟大的启蒙思想家、哲学家、教育家、文学家，18 世纪法国大革命的思想先驱，启蒙运动最卓越的代表人物之一。主要著作有《论人类不平等的起源和基础》《社会契约论》《爱弥儿》《忏悔录》《新爱洛漪丝》《植物学通信》等。

卢梭生前当局迫害，死后却受人膜拜。1794 年卢梭被安葬于巴黎先贤祠。1791 年 12 月 21 日，国民公会投票通过决议，给大革命的象征卢梭树立雕像，以金字题词——"自由的奠基人"。

卢梭的观念渗入社会风气，成为时尚。年轻人模仿《爱弥儿》，要做"居住在城里的野蛮人"。路易王太子也深受《爱弥儿》的影响，按照卢梭的观点从小教育他的儿子，学一门手工匠人的手艺。据说，这就是路易十六那个著名的嗜好——业余锁匠的由来。

虽然法国启蒙运动的自由主义作家有几位起初是卢梭的朋友，其中包括"百科全书派"领军人物德尼·狄德罗和达朗贝尔，但是他的思想不久就开始与其他人发生了严重的分歧。1762 年，卢梭所撰教育论著《爱弥儿》一经出版，就遭到法国当局的通缉。他一生的最后二十年基本上是在悲惨痛苦中度过的，1778 年 7 月 2 日于法国埃及迈农维尔与世长辞，享年 66 岁。

钓鱼"钓"出远见

法国伟大的思想家卢梭曾给他的朋友讲过一个关于钓鱼的故事。

从前，有两个饥饿的人得到了一位长者的恩赐：一根渔竿和一篓鲜活硕大的鱼。其中，一个人要了一篓鱼，另一个人要了一根渔竿，于是他们分道扬镳了。得到鱼的人原地就用干柴搭起篝火煮起了鱼，他狼吞虎咽，转瞬间，连鱼带汤就被他吃了个精光，不久，他便饿死在空空的鱼篓旁。另一个人则提着渔竿继续忍饥挨饿，一步步艰难地向海边走去，可当他已经看到不远处那片蔚蓝色的海洋时，他浑身的最后一点力气也使完了，只能眼巴巴地带着无尽的遗憾撒手人寰。

又有两个饥饿的人，他们同样得到了长者恩赐的一根渔竿和一篓鱼。只是他们并没有各奔东西，而是商定共同去找寻大海，他俩每次只煮一条鱼，他们经过遥远的跋涉，来到了海边，从此，两人开始了捕鱼为生的日子。几年后，他们盖起了房子，有了各自的家庭、子女，有了自己的渔船，过上了幸福安康的生活。

一个成功的人，必然是一个有远见的人，当你在羡慕别人或为眼前的一点利益而沾沾自喜的时候，他已经看得更远了。

法国作家弗朗索瓦·德·拉罗什富科认为：丧失远见的人不是那些没有达到目标的人们，而往往是从目标旁溜过去的人们。的确，成功的机遇也许就在我们身边，我们往往会因为只看重眼前的一些利益而忽视了今后的成功。这就是缺乏对机遇的远见。

中国人常说："人无远见，安身不牢。"一个没有远见的人，注定会在通往成功的道路上迷失方向，以至于渐渐远离成功。远见是茫茫大海上的灯塔，它可以使得我们坚定的前行而不至于迷失方向；远见是星空中最亮的那颗星，让我们不至于在美丽的群星中找不到自己的目标。

一个人只顾眼前的利益，得到的终将是短暂的欢愉；在人生中，只有有远见的人才能获胜。一个人要目标高远，但也要面对现实的生活。只有把理想和现实有机结合起来，才有可能成为一个成功之人，这样的一个道理足以给青少年一个生命的启发。

心有多大，舞台就有多大

阿里巴巴集团主要创办人马云想必大家都不陌生，他的成功在于在他成功的路上始终有梦。

马云说："我大愚若智，其实很笨，脑子这么小，只能一个一个想问题，你连提三个问题，我就消化不了。"从小，马云功课就不好，数学考过1分。只有英语特别好，原因竟然是："爸爸骂我，我就用英语还口，他听不懂，挺过瘾，就学上了，越学越带劲。"13岁起，马云就骑着自行车带着外国人满杭州跑。

1988年，马云毕业于杭州师范学院外语系。同年，担任杭州电子工业学院英文及国际贸易讲师。

1992年，马云和朋友成立海博翻译社。结果第一个月收入是700元，房租是2000元。大家动摇的时候，马云一个人背着个大麻袋去义乌，卖小礼品、卖鲜花、卖书、卖衣服、卖手电筒。两年的时间马云就干成了这件"傻"事，不仅养活了翻译社，组织了杭州第一个英语角，而且他是全院课程最多的老师。

1995年，马云30岁，他已经是杭州十大杰出青年教师，校长许诺他外办主任的位置。奇怪的是马云脑子里想的却是"我一辈子就教给学生书面的东西吗？"于是他出人意料地辞职了。

1995年4月，马云成立"中国黄页"互联网公司，7月份上海才正式开通互联网。黄页成为中国最早的互联网公司之一，这个公司专门给企业做主页，一张主页2000字，一张彩照，中英又对照，2万元人民币。1997年，在经贸部的邀请下，马云带着自己的创业班子北上建立国家经贸部中国国际电子商务中心的MOFTEC网站。

1999年，他创办拉里巴巴，并担任阿里集团CEO、董事局主席。

1999年2月，马云被邀请参加在新加坡举行的亚洲电子商务大会。参加大会的人80%是欧美人，谈的也是欧美式的电子商务。马云忍不住站了起来，讲了一个小时："亚洲电子商务步入了一个误区。亚洲是亚洲，美国是美国，现在的电子商务全是美国模式，亚洲应该有自己独特的模式。"

于是，接下来他一直在为这个"独特的模式"而努力。和所有的互联网精英不一样，马云从小就没有生活在顶尖的那部分人当中，他活在平常的普通人当中，所以他决定不同于目前所有的电子商务，他不做那15%大企业的生意，只做85%中小企业的生意。很简单，大企业有自己的专门信息渠道，有巨额广告费，小企业什么都没有，他们才最需要互联网。

马云要做的事就是将全球的中小企业的进出口信息汇集起来。"我要做数不清的中小企业的解救者"，要做到这个目标，马云心目中的阿里巴巴网站必须是全球性的，否则阿里巴巴只做国内就变成没有买家的卖家，而且阿里巴巴必须迅速覆盖全球，否则失去第一就失去意义。阿里巴巴只能做成中国人的全球性网站，马云没有退路。

马云就是这样，在不断地坚持和不断地突破中，越走越高、越走越远。

马云的事迹告诉我们心有多大，舞台就有多大。只要你不满足于眼前，并且有自己的思想，那么命运自然会为你安排承载这个伟大思想的空间。梦想可以通过一定的方式和途径，通过自己的努力和拼搏成为现实。梦想最大的意义是给予人们一个方向，一个目标。

作为青少年，每个人都有属于自己的五彩斑斓的梦。当你去努力实现梦想时，你一定会遇到挫折和失败。但是别灰心，只要为了自己的梦想不懈努力，那你就有资格拥有你想要的一切。

第三节　迪士尼
——把眼光放长远

华特·埃利斯·迪士尼是美国动画大师、导演和制片人，1901 年 12 月 5 日生于美国伊利诺伊州的芝加哥。他以创作卡通人物米老鼠和唐老鸭闻名。他制作了世界第一部有声动画片《蒸汽船威利》（1928 年）和第一部动画长片《白雪公主》（1938）。他与罗伊·迪士尼创办了迪士尼兄弟制片厂。

华特·迪士尼的诸多成就使他成为全球著名的人，包括他创造的《白雪公主》《木偶奇遇记》等很多知名的电影，还有米老鼠等动画角色。也是他，开创了主题乐园这种形式，让迪士尼乐园成为可能，为全世界的孩子们创造了一座快乐天堂。他在电视节目《迪士尼奇妙世界》的主持也让无数美国人民无法忘怀。他获得了 56 个奥斯卡奖提名和 7 个艾美奖。华特·迪士尼于 1966 年 12 月 15 日因肺癌医治无效而与世长辞，此前他还在为佛罗里达州的迪士尼世界操劳，该主题乐园于他去世几年后开幕。

做人做事应该高瞻远瞩

华特·迪士尼是一个传奇式人物——他创造了米老鼠、唐老鸭、匹诺曹等卡通形象，并且改变了美国文化的表象。他把动画电影带进了艺术的殿堂，并且对世界民间艺术做出了重大的贡献。他创建的风靡全球的迪士尼乐园，受到世界各国少年儿童的青睐。之所以取得这样的成就，是因为他是一个极具远见的人。

老鼠人人都讨厌，但华特·迪士尼却以他独特的眼光创造出米老鼠这个鲜活的卡通形象并博得了人们的喜爱。米老鼠影片在世界各地已经放映多年，魅力仍不减当年，使迪士尼收获成功。

当有声电影兴起时，迪士尼就在这方面进行了大胆的探索，他给动画片里配上声音，当他创造的米老鼠在银幕上绘声绘色地讲话时，观众们简直欣喜若狂。

在好莱坞的制片人为了票房纷纷拍摄不适宜少年儿童观赏的影片时，迪士尼却保持着自己的风格，继续拍摄老幼皆宜的动画片，表达、传递一些健康、纯净的思想，这种坚持反而使他的公司在竞争中得到更好的发展。

迪士尼一生中最伟大的设想就是建造一座神奇的公园，一个可以使孩子和父母都感兴趣的场所。他想，当孩子们骑马或游戏的时候，也应该让家长们一块尽情欢乐，迪士尼决定把公园建在西部的加利福尼亚。1952年，他开始购买场地，这是一项非常艰巨的工作，因为这块地皮同时被20多家公司占有着。1954年他派四名职员周游美国，收集人们对修建公园的意见，但四个人带回的唯一一致的观点是迪士尼太"狂妄"了。许多公园的老板说："不开设惊险的跑马场，不搞点歪门邪道，要想成功那简直是白日做梦。"然而，迪士尼始终坚持自己的想法。这个远见后来成为事实，不仅在美国，在巴黎、上海等数座知名城市都修建了迪士尼乐园。就这样，迪士尼取得了巨大的成功。

因此，一个人想成大事，不能没有远见，即把目光定在远处，确定自己的人生方向，用远大的志向激发自己，咬紧牙关、握紧拳头，顽强地朝着自己的人生目标走下去。没有远见的人只看到眼前的、摸得着的、唾手可得的东西。相反，有远见的人心中装着整个世界。如果你想成大事，就必须确定你的人生目标。

对于刚刚开始创业的人来说，没有什么比成功更令人向往的了。但是怎样才能成功？美国作家唐·多曼曾在《事业革命》一书中这样说："把眼光放长远是踏上成功之路的一条秘诀"。把眼光放长远我们才能开阔自己的思维，最大限度地发挥自己的潜能，从而取得更大的成功。

汇聚细流，以图大志

如今，吉田忠雄创立的"YKK"已经成为世界上最大的拉链制造企业。其产品占日本拉链市场的90%，美国市场的45%，全球市场的35%，这使吉田忠雄当之无愧地成为"世界拉链大王"。

吉田忠雄从"3S"到创立"YKK"，他的成功是靠辛勤和努力一点一滴累积起来的。

1908年，吉田忠雄出生于日本本州岛中北部海滨的富山县黑部乡。由于家境贫困，年仅15岁就到一家陶瓷店当学徒。1934年1月，吉田忠雄创办了专门生产销售拉链的3S公司。他自己当老板，员工只有2人，资金是省吃俭用节省下来的350日元，而负债却有2070日元。

拉链在日本的发展，是第一次世界大战之后的事了。当时的日本人称它为"有带子的纽扣"。由于日本基础产业较落后，生产方式十分原始，完全靠人工装配，动不动就出问题，顾客退货、商店存货堆积如山是常有的事，当时又是战争期间，更没有人管了。

很多人认为这行业不会有太大发展，但吉田却不这样看，他看重拉链这个行业，把它作为自己事业的起点。吉田来到大阪拉链厂，利用订货的机会，了解了拉链的制造过程。回来后，他潜心研究如何改进生产方式。他找了些修理工具，修理每天退回来的拉链，找出失败的原因。就这样，经他修理而又卖出的拉链，几乎没有人再退回来。

吉田就是这样从学徒到只有两个员工的老板，再到自己一手修理拉链，这些不起眼的"小事"都是成就他整个事业的细节，有了这些努力，才有后来的成就。

3S 公司的三楼成了吉田忠雄的拉链加工厂。堆积如山的退货拉链，经过吉田的妙手，全都作为 3S 牌拉链出售了，在日本很是畅销，并且得到了"金锤拉链"的美称。

拉链生意越做越大，3S 公司的规模也随之扩展了，从当初的 3 人增到 50 人，销售网也日益壮大。1938 年，吉田忠雄购买了一块土地，兴建了一座新工厂，3S 公司改名为吉田工业所。

二战期间，日本实施战时经济体制。为了战时需要，要生产出更多的枪炮来发动侵略战争，因此禁止国内工商界使用"铜"。不能使用铜，而拉链却是以铜为主要原料的，难道事业正在发展中，就得停业吗？吉田不想这样做，他换了另一种角度来思考：除了用铜做原料外，拉链应该还可以用其他东西来代替，这样工厂就不会被政府解散。经过反复试验，他决定改用铝作替代品。此后，他还研制出一种硬度强而且又轻的铝合金拉链，受到了广泛欢迎。

吉田并不满足于国内市场，他还积极拓展外销渠道，每月有 4 万打各式拉链进入美国、墨西哥和南美各国。仅墨西哥一国，吉田公司的销量就高达 5 万日元，在其他国家，销量也相当可观。

1947 年，一位美国客户欲向吉田忠雄订购拉链，要求先看一下样品。当他看到吉田提供的拉链样品时，非常不满意，与他自己带来的美国样品相比，吉田的拉链不但质量低劣、粗糙，而且价格还高。虽然这次生意没有做成，但这对吉田忠雄而言却是个新的契机，即一定要有新的技术和机器，将其与廉价的日本劳动力结合起来，才能生产出质优价廉的拉链，才能在市场上有竞争力。

1948 年，吉田忠雄从美国购买了 4 台制造拉链的旧机器，很快就生产出质量好的拉链来。但他并不满足，又试用各种合金材料试制拉链，这在当时还是首创。经过吉田忠雄的不懈努力，各种规格的、质优价廉的拉链源源不断地从他的工厂里生产出来。这些优质拉链为吉田忠雄的事业奠定了牢固的基础，使公司很快就在日本市场上占据了不可替代的地位。两年后，吉田忠雄为他的公司重新命名为吉田兴业会社，简称"YKK"，日后闻名世界的"拉链王国"就此诞生了。

古人说："不积跬步，无以至千里。"真的是这样，想成就大事业就必须从小事开始做起，每个大海都是由涓涓细流汇集而成的。

青少年在人生起步之际，一定要会做很多看似不起眼的小事，直到我们向别人证明了自己的价值，才能渐渐被委以重任和得到更多的工作。将每一天都看成是学习的机会，这会使你更有价值。任何事，任何目标，都是这样一步一步到达成功彼岸的。

伟大的事业是由无数个微不足道的小事情积累而成，小事情干不好，大事情也不会干成功。成功不一定是做大事，把一件小事做好，并且持之以恒地做好，这也是成功的基本要素。

第四节　乔布斯
——永远走在最前列

史蒂芬·乔布斯（1955 年 2 月 24 日—2011 年 10 月 5 日）出生于美国加利福尼亚州旧金山，是美国企业家、发明家、苹果公司的联合创始人之一，曾任苹果公司董事长及首席执行官职位，也是皮克斯动画的创办人并曾任首席执行官。2011 年 10 月 5 日，史蒂芬·乔布斯因患胰腺神经内分泌肿瘤病逝，享年 56 岁。

乔布斯在 20 世纪 70 年代末与苹果公司另一始创人斯蒂芬·沃兹尼亚克及首任投资者迈克·马尔库拉协同其他人设计、开发及销售苹果 II 系列。1985 年，在董事会的斗争失势后，乔布斯离开苹果公司并且成立了 NeXT 公司——一间电脑平台开发公司，专门从事高等教育及商业市场。1986 年，他收购了卢卡斯影业的电脑绘图部门，成立了皮克斯动画工作室 (Pixar)。1996 年，苹果公司董事会决议收购 NeXT 公司，把乔布斯带回他参与创立、当时却正在垂死边缘的苹果公司担任临时 CEO，他在 2000 年起成为正式 CEO，带领苹果迈向辉煌的 iPod、iPhone、iPad 时代。从 2003 年起，乔布斯与胰腺神经内分泌肿瘤战斗了 8 年，最终于 2011 年 8 月辞任首席执行官一职，在他第 3 次病假期间，乔布斯当选为苹果公司的董事长。

在他生活的年代里，乔布斯被认为是电脑业界与娱乐业界的标志性人物，同时，人们也把他视作麦金塔电脑、iPod、iPhone、iPad 等知名数字产品的缔造者。他曾七次登上《时代杂志》的封面，被认为是当时全球最为成功的计算机科学家以及商人之一。2007 年，乔布斯被《财富》杂志评为了"年度最强有力商人"。乔布斯的生涯书写了硅谷风险创业的传奇，他将美学至上的设计理念在全世界推广开来，他对简约及便利设计的推崇为他赢得了许多忠实追随者。

一定要走在最前列

乔布斯出生后便被父母遗弃了。幸运的是乔布斯夫妇——一对好心夫妻领养了他。1972 年高中毕业后，在一所知名私立大学只念了一学期后便辍学。1974 年，乔布斯在一家公司找到设计电脑游戏的工作。两年后，时年 21 岁的乔布斯和 26 岁的沃兹尼亚克在乔布斯家的车库里成立了苹果电脑公司。他们开发的苹果Ⅱ具有 4K 内存，用户将他们的电视机作为显示器，这就是第一台在市场上进行销售的个人电脑。

1980 年 11 月，苹果股票上升至每股 22 美元，乔布斯和沃兹尼亚克一夜之间变为百万富翁。此后，由于理念不合，乔布斯退出了自己一手创立的苹果公司。1986 年，乔布斯买下了数字动画公司皮克斯。这家公司如今已成为动画电影的圣殿，产出众多经典动画作品，它是乔布斯事业生涯中的第二个高峰。

1996 年，苹果公司重新雇用乔布斯作为其兼职顾问，此时苹果公司经历了高层领导的不断更迭和经营不善之后，其运营情况出现下降趋势，财务收入开始萎缩。1997 年 9 月，乔布斯重返该公司任首席执行官，他对奄奄一息的苹果公司进行大刀阔斧地改组并开展一连串新产品降价促销的措施，让苹果重新"红"了起来。当时苹果公司最热门的产品是最近上市的 iMac，据苹果公司统计，iMac 订单已高达 15 万份。

iMac 背负着苹果公司的希望，凝结着员工的汗水，寄托着乔布斯振兴苹果公司的梦想，呈现在世人面前。它是一个全新的电脑，代表着一种未来的理念，半透明的外包装，一扫电脑灰褐色的千篇一律的单调，加上发光的鼠标，以及 1299 美元的价格标签。这不愧是出自乔布斯的设计，标新立异，非同凡响。为了宣传，乔布斯把笛卡尔的名言"我思故我在""I think therefore I am"变成了 iMac 的广告文案"Think ThreforiMac"，由此成了广告业的经典案例。

新产品重新点燃了苹果机拥戴者们的希望，iMac 成了当年最热门的话题。1998 年 12 月，iMac 荣获《时代》杂志"1998 最佳电脑"称号，并名列"1998 年度全球十大工业设计"第三名。

接着，1999 年，乔布斯又推出了第二代 iMac，有红、黄、蓝、绿、紫五种水果颜色的款式供选择，刚一面市就受到用户的热烈欢迎。1999年7月，乔布斯推出的外形蓝黄相间、像漂亮玩具一样的笔记本电脑iBook，在市场上随即受到用户追捧。iBook融合了iMac独特的时尚风格、最新无线网络功能与苹果电脑在便携电脑领域的全部优势，是专为家庭和学校用户设计的"可移动iMac"。1999年10月，iBook夺得"美国消费类便携电脑"市场第一名，还在《时代》杂志举行"1999年度世界之最"评选中荣获"年度最佳设计奖"。

在乔布斯的改革之下，苹果终于实现赢利。乔布斯刚上任时，苹果公司的亏损高达10亿美元，一年后却奇迹般地赢利309亿美元，苹果电脑在PC市场的占有率也由原来的5%增加到10%。

乔布斯成为一个奇迹，但这个奇迹还将继续进行下去。他总是给人以不断地惊喜，无论是开始还是后来，他天才的电脑天赋，不拘一格的处世风格，绝妙的创意头脑，伟大的目标以及处事不惊的领导风范筑就了苹果企业文化的核心内容。苹果公司的雇员对他的崇敬简直就是一种宗教般的狂热，雇员甚至自豪地对外面的人说："我为乔布斯工作！"

创造和远见不是说让你在所谓的经典身后去复制，它需要你走到前面去引领。走在最前列才会把前路考虑的更长远，走在最前列才不会担心掉队。

伟大的人物总是走在时代先列，追求前方的光明，追求远方的理想和抱负。范仲淹"先天下之忧而忧"，他忧国忧民，心系祖国和人民，"居庙堂之高则忧其民，处江湖之远则忧其君"，他总是希望能替皇上解忧，为人民造福，希望自己"不以物喜，不以己悲"走在时代最前列，超出凡人的承受能力。中国一代大文豪鲁迅是走在时代前面的人，当年他留学日本想通过医学来解救被西方人称作"东亚病夫"的中国，然而中国人的愚昧麻木无知，让他清醒地认识到只有在精神上才能唤起中国人的良知，医治中国人的愚病。于是他决定弃医从文，拿起了大椽之笔，用手中的这支"利箭"和黑暗的现实社会做斗争。一代领袖毛泽东是我们一直敬仰的伟大人物，他领导中国人民走出一条适合自己的革命道路，实现中华民族的独立，冲破了苏联旧体制走出了经验主义的误区，带领中国独立自主走上复兴之路，他是中国人民永远的精神领袖。

可见，敢于走在前面的人都是有极强的责任感与自信心的人。作为当代的青少年，未来担负着照顾家庭、贡献社会的重任，更应该有这种"走在最前列"的勇气和雄心，为自己的人生画卷添上绚丽的一笔。

敢为天下先，做事有远见

李嘉诚说："一个真正做大事、有远见的人，是看世界的潮流，估计自己未来发展的方向。事在人为，不能有志无才，你可以夸口说你的志向是摘下天上的月亮，但你知道怎么摘下吗？所以我说事在人为，靠自己，靠意念，还要有新的知识及经验积累才能达到目的。"

李嘉诚在最初经营塑料厂的时候，一个偶然的机会，在美国一本著名的塑料工业杂志上了解到了世界市场和新产品技术。20世纪50年代的香港，普遍采用的塑料模机多是注射式，即将塑料溶液注入模内。但该杂志介绍说，可以在模内未成形的胶管中注入压缩空气，制成胶瓶或玩具。但这种机器的价格很贵，当时香港还没有一家企业引进这种机器，甚至连软胶瓶也没有。

李嘉诚决定自行研究这种机器，在试制过程中，他连续36个小时不睡。他先利用工厂的机器制出了一条软而热的胶管，然后为了造模，购买空气压缩机。他忽然看见身旁的可乐玻璃瓶，他把可乐瓶颈弄断，将胶管放进可乐瓶里，然后在机器的压缩空气口插入喝可乐用的吸管并注入压缩空气，口含吸管一吹，不用3秒，胶管沿着透明的可乐瓶身膨胀，制成品便出现了。自制的机器虽然简陋，但成本便宜，只需要杂志介绍的那种机器十分之一的价钱，便成功制造出一模一样的产品。

李嘉诚说："这件事的启示是要有远见，事在人为。这部机器制造出来的塑料产品为工厂赚了不少钱，同时生产塑料花的情况也是非常理想的，应该说是这一年较往年的资产增加最少 10 倍，长远来看，你的利益是巨大的。因此只有了解外面的世界，知道你自己的长处和短处，才能把目光放长远，知道自己最终的方向。"

李嘉诚的事迹告诉我们，无论是经商还是做事都应该有长远的眼光。如果一味沉浸在过去的经验里，无异于"故步自封"，永远不可能有更长远的发展。作为当代的青少年，也应该着眼于未来，为自己的人生做好计划、把握好方向，这样才能使自己的人生更有意义。

第五节　彼得·伯克
——做事要有远见

彼得·伯克是英国历史学家。他生于 1937 年，获牛津大学博士学位，曾执教苏赛克斯大学、剑桥大学，现为剑桥大学文化史荣休教授及伊曼纽学院研究员。伯克的研究专长为西方史学思想和欧洲文化史，致力于史学与社会学理论的沟通，探索文化史写作的新领地，是当代最著名的新文化史学家之一。

他的著作十分丰富，包括《图像证史》《语言的文化史——近代早期欧洲的语言和共同体》《法国史学革命》《历史写作的新视野》《20世纪的历史与历史学家》《什么是文化史》《文化史的多样性》《意大利文艺复兴》等数十种，作品被翻译成三十多种文字出版。

把眼光放长远，切忌鼠目寸光

彼得·伯克是一个睿智而又极具幽默感的人，他常常在自己的课堂上穿插一些小笑话，以此来带动课堂气氛，而且他的一些小笑话往往还能发人深省。

一次，在讲到"远见"这一话题时，彼得·伯克又对学生讲了一个小故事，他说："曾经有3个人要被关进监狱3年，监狱长允许他们三个一人提一个要求。美国人爱抽雪茄，要了三箱雪茄。法国人最浪漫，要一个美丽的女子相伴。而犹太人说，他要一部与外界沟通的电话。

3年过后，第一个冲出来的是美国人，嘴里鼻孔里塞满了雪茄，大喊道：'给我火，给我火！'——原来他忘了要火了。接着出来的是法国人。只见他手里抱着一个小孩子，美丽女子手里牵着一个小孩子，肚子里还怀着第三个。最后出来的是犹太人，他紧紧握住监狱长的手说：'这3年来我每天与外界联系，我的生意不但没有停顿，反而增长了200%，为了表示感谢，我送你一辆劳斯莱斯！'"

彼得·伯克讲完这个小故事之后，微笑地看着讲台下若有所思的学生们，他继续说道："你们都是年轻人，而且是充满智慧的年轻人，你们更应该懂得这个故事里面的道理，那就是：'人需要远见，倘使没有远见，就只能平庸一生了。'"话音刚落，底下的学生情不自禁地热烈鼓掌。

还有一个小故事，也说明了远见卓识的重要性。

曾经有两个企业都想在某郊区投资地产，各派了专人前去调查那里的情况。结果A企业的人在考察之后，向公司报告说："那里人口稀少，房产业发展机会渺茫，房子修好了也没有人来住。"而B企业的人则在考察之后，向公司报告说，"该地虽然人口稀少，但那里环境幽雅，人们厌倦了城市的喧嚣，定会喜欢在那里安置生活。"果然不出B企业所料，城里人越来越向往到农村休闲度假，尤其是一些农家乐，办得更是如火如荼。所以B企业的投资是明智的。

A企业的人员鼠目寸光，只看见眼前事物的表象；而B企业的人却高瞻远瞩，从表象里预见到未来。B企业的远见卓识远远高于前者。如果一个企业的领导像A企业的人一样"近视"，那么他的行动很可能都是短期行为；而如B企业那样见识过人，眼光放长远一点，就能使企业获得长远的利益。

真正有所成就的人，必须学会独立思考，而不要因循旧制。所以，朋友们，我们应该将自己的目光放得更长远一些，这样才有助于我们自身的发展。

把事情当成事业来做

当一个人在做热爱的事业时，就会带着更多的激情来做事；当一个人只把工作当作养家糊口的工具时，这样是无法有大成就的。

柳传志，曾任联想控股有限公司总裁。曾经在中科院计算技术研究所干了13年研究工作后，柳传志在不惑之年义无反顾地下海了。11个人、20万元资金，尽管起点低，他还是先知先觉地意识到了，立意高才可能制定出利于企业发展的长远战略。

没有资金，联想只能替人家卖机器，但柳传志多了个心眼，琢磨用户的需求是什么？怎样的价格和服务才能更吸引用户？他相信，学会做贸易是实现高科技产业化的第一步。到了 1987、1988 年，柳传志的"贸易"做得颇有声色。联想代理的 ASTPC 电脑，一个月能卖好几百台。打通了销售渠道以后，柳传志要自己生产。1988 年，柳传志带着 30 万港币闯荡香江。

经过 21 年的发展，联想不再甘于落后。他精心谋划了一场惊天动地的大收购，在收购多家知名企业后，"新联想"——全球第三大个人电脑企业诞生。

"进军海外成功以后，胆子越来越大，敢往上做了，从进军海外开始，我们第一次制定了一个长远战略目标，以及分几步去实现。学会了制定战略，然后把战略目标分解成具体的步骤。目标太高了，我们就把土垒成台阶，一台阶一台阶往上走。"回首往昔，柳传志明显有着成功者惯有的自我欣赏。

当然，他有资格这么做。从 20 万元起家，20 年间飞速发展，迄今为止，联想集团已连续 16 个季度获得亚太市场（除日本外）的第一。

更精彩的还在后头。"2000 年做到 30 亿美元，我是有把握的，这话等于像立了军令状，说出去一定要做到。我们坚决要向世界 500 强目标挺进，也许在我的手里实现不了，但是到了杨元庆、郭为手上非实现不可。"

"一万年太久，只争朝夕。"虽然柳传志也曾定下心来踏踏实实地跟在微软、IBM、英特尔后面"吃土"。"吃土就是我们赛跑的时候，跑在前面的人说，你在后面吃土吧，他跑得快，我在后面吃土。"柳传志又说，"但我们心里希望是领跑的，最起码不要老跑在别人后面。"

柳传志到底没有耐心再用 20 年时间演绎龟兔赛跑的故事。联想的大收购还是使其一跃即登到过去 20 年来中国企业在海外破冰之旅的最巅峰。此前，尚未有过一家中国企业吞下更大、更加成熟的西方标志性企业的资产。

伴随这一近乎疯狂的收购行为而来的，是 PC 年销售量 1400 万台、年销售收入约 130 亿美元的全球第三大个人电脑企业——新联想的诞生。

至此，经过 21 年的发展，联想正式成为一家拥有 19 万多名员工、7 大全球研发中心、4 大 PC 生产基地、销售网络遍布 160 多个国家和地区的国际化企业。

柳传志完全可以过稳定的生活，但他选择了创业这条充满风险的路，把它当成毕生的事业来做。把事情当做事业来做，就是把目光放的长远，不要只计较眼前的困难或挫折，只要我们把目光放得远了，心中就会充满斗志，就会发挥出自身的最大潜能。如果一个人能够把本职工作当成事业来做，那么他就成功了一半。

青少年现在的学习可能很辛苦，把学习当事业，就是说，你现在不只是为了简单的学知识甚至为了应试，你要把它看成一个长远的投资，是为了自己将来的生活或者创业而努力学习和奋斗，这样你就会很快乐。学习提供了我们成就事业的机会，没有学习和以后的工作，便不可能有事业。一个人只有将学习和工作当事业，把目光放长远，才能倾注自己全部的热情，才会不惜付出，才有可能取得事业的成功。

第六节　盛田昭夫
——永远不要满足于眼前

盛田昭夫是索尼公司的创办人之一、历任社长和名誉会长，日本著名企业家。他 1921 年出生于爱知县名古屋市，毕业于旧制爱知第一中学（现爱知县立旭丘高等学校）、第八高等学校（现名古屋大学教养部）、大阪帝国大学理学部物理学科。

作为日本商业社团的代表，盛田担任过各种会议的主办人，这些会议包括日美商会、三边协会和达沃斯世界经济论坛。他还通过他在经团联（日本经济团体联合会）、日美经济关系集团（号称"贤人团"）和其他组织中所担任的领导职位，协助增强了日美关系。作为《日本制造》和其他书籍的作者，他竭力促进了日本和世界其他地区的相互了解。1998 年，盛田被美国《时代周刊》评选为"20 世纪 20 位最有影响的商业人士"之一。

永不满足

多年来索尼的产品风靡全球，领导着电子产品的新潮流索尼走向辉煌的过程，正是盛田昭夫从零开始，把一个街道小企业最终做成了跨国公司的过程。

盛田昭夫不断追求进步，他的开阔视野使得事业越做越大。

25 岁的盛田昭夫和井深大所成立的公司，在 1946 年于一家百货公司的废墟当中正式开业。他们有 20 名员工，生产各种不同的产品，其中也包括收音机的零件在内。从一开始，盛田昭夫就有放眼天下的雄心。他希望公司的品牌就像电子产品市场里头的凯迪拉克。

1949 年，公司历经千辛万苦的研究，终于开发出录音磁带，后来又发明了全世界第一台录音机，并于 1950 年正式上市销售。

盛田昭夫开始有针对性地展开推销。当他得知许多法院的速记员因为人员不足而不得不加班工作时，马上带着录音机上门表演，法院很快就大批订货了。

随后，他把推销的重点又转到了学校。因为当时日本在驻日美军的控制之下开始大力进行英语教育，英语教师不足，特别是进行会话、听力训练的条件很差，录音机无疑给他们提供了很大的便利。盛田昭夫和井深大又设计制造了一种价格更低廉，体积更小，更适合学校使用的磁带录音机。这样，录音机便迅速普及到全国各地的学校，销路打开了，磁带录音机成了热销货，盛田昭夫的事业也由此奠定了一个坚实的基础。

盛田昭夫从来没停下前进的脚步，他不满足于已经取得的成就，不断摸索创新，向前发展。

1957 年，盛田昭夫又有了创新的发明，可放在口袋内的半导体收音机。其实，这款收音机对于一般的口袋尺寸而言还是太大，不过这难不倒盛田昭夫这样天生的业务人才。他为日本和美国市场的销售人员定做口袋比较大的衬衫，这样的问题自然迎刃而解。这款产品的销售量高达 150 万台，大多数都是在美国市场。

这是盛田昭夫事业迈入国际化品牌的关键契机。盛田昭夫意识到世界各国间的距离越来越近，全球化市场的来临将是必然的发展趋势，他也希望全世界的消费者都知道他们的品牌。说到这，就不得不佩服他的远见。

没过多久，公司就推出全世界第一台半导体电视机，之后还有无数的创新产品。就像美国发明拍立得的著名创业家兰德一样，盛田昭夫也不愿意介入业已拥挤的市场；他希望打造出自己的新市场，他对于发掘市场需求具有独特的眼光，有时候连消费者都不知道自己有这样的需求，他这种精准的眼光已经到了传奇的地步。盛田昭夫认为公司必须要领导消费者的口味，而不是落在消费者之后，最典型的例子就是随身听。

1960 年，新力成立美国新力公司。盛田昭夫决定举家搬到美国，这在当时的日本企业界领袖当中是前所未见的创举。后来他回到日本，把在美国学到的管理理念应用到新力的经营上。不过，盛田昭夫早在 1946 年就决心建立全球性品牌，对这样的人物而言，仅运用美式管理方式管理公司是远远不够的。

盛田昭夫对于许多日本企业管理的做法赞扬有加，尤其是照顾员工的传统。他认为西方管理文化太过注重财务上的游戏和账面资产，至于日本企业则是着重在实际的分店开设、生产实际的产品，创造历久不衰的价值。公司不但以传统日本风格来照顾员工，并且基于西方管理文化来激励员工的工作士气，提供奖励改善他们的生活品质。

盛田昭夫备受员工的爱戴，员工对于公司更是忠诚有加，以至于他的事业长盛不衰。

他的创新意识和远见，让他的一生成为永不停滞的一生。有很多时候我们都很容易生活在我们自己的那一片狭小的空间里，我们习惯按自己的思维去理解这个世界，当人很满足自己现状的时候，他往往是最无知的时候。

青少年在以后的人生路途上，可能无法知道今天的成功是否是我们生命之中最灿烂的一页，无法知道这是否就是我们能力的极限。正是因为生命之中存在太多的未知，我们才拥有无限的潜能，所以我们不应该自我满足、止步不前。人是应该有远见的，要把眼光放长远，这样才能放大自己的潜力并且获得成功。

生活中，许多人取得了一点小小的成绩就沾沾自喜，以为自己有很大的收获，非常了不起，甚至对别人不屑一顾。还有一些人对于自己目前的生活感到喜悦和成功，一心一意想着如何继续维持下去。试想这样安于现状，我们怎么能够进步呢？不要满足于现在的自己，因为世上没有最好，只有更好。当你用更好、更高的愿望激励自己，时时努力超越自己，一定能够创造美好的明天。

青少年朋友不要以现状为满足，同时也不要因现状而失望，不要被眼前的一切所羁绊。要知道，其实很多事情当你把目光放长远之后，你会觉得现在所取得的一点成绩或者所受的一些挫折都是微不足道的，所以，把眼光放长远才是聪明者应有的态度。

永远不要满足于现状

一个不安于现状、具有强烈进取精神的人，是不会被社会所淘汰，被人所遗忘的。

毕加索在九十岁高龄开始画一幅新的画时，对世界上的事物好像还是第一次看到一样，他仍然像年轻人一样蓬勃地生活着。他不安于现状，寻找新的思路并用新的表现手法来表达他的艺术感受。

大多数画家在创造了一种适合自己的绘画风格后，就不再改变追求了，当他们的作品得到人们的赞赏时更是这样。随着艺术家的年龄增长，他们的绘画风格，变化不会很大。而毕加索却像一位终生没有找到自己特殊艺术风格的画家，千方百计地寻找完美的手法来表达他那不平静的心灵。

毕加索作画，不仅仅用眼睛，而且用思想。毕加索的画，有些色彩丰富、柔和、非常美丽；有些用黑色勾画出鲜明的轮廓，显得难看、凶狠、古怪。但是这些画启发我们的想象力，使我们对世界的看法更深刻。

从毕加索的身上，我们可以学到他那不安于现状、朝气蓬勃、永不满足的精神，也只有具有这种精神的人，才能获得事业的成功和精神上的富有。如果小有成就就感到满足，那么我们永远也无法攀登事业的高峰，永远也无法取得更优异的成绩。只有当我们保持谦虚进取、永不止步的心态时，才可能收获更多。

第 **4** 章

写意人生: 好心态是调出来的

　　我们生活在这个物欲横流又稍显浮躁的社会中, 难免会遇到很多看不惯的人和事。也许我们会鄙视、嫉妒、不甘、愤怒, 这一切的负面情绪都严重地影响着我们的心理和生活, 因此, 自我心理调适很重要。不妨借鉴一下龙树的不生气哲学: "贫穷的时候想, 我的房子这么小, 土地这么小, 我哪有时间, 哪有资格去跟人生气呢? 富贵的时候想, 我的房子这么大, 土地这么多, 我又何必跟人计较? "

第一节　赫胥黎
——心态决定命运

托马斯·亨利·赫胥黎（1825年5月4日—1895年6月29日）是英国生物学家，曾任英国科学促进协会主席，伦敦大学校长，是第一个提出人类起源问题的学者。他因捍卫查尔斯·达尔文的演化论而有"达尔文的坚定追随者"之称。他为了对抗理查·欧文的理论而提出的科学论证显示出人类和大猩猩的脑部解剖十分的相似。有趣的是赫胥黎并不完全接受达尔文的许多看法（例如渐进主义），而且，相对于捍卫天择理论，他对于提倡唯物主义科学精神更感兴趣。

作为科普工作的倡导者，他创造了"不可知论"概念来形容他对宗教信仰的态度。他还因创造了"生源论"以及"无生源论"的概念而广为人知。

人生成功得益于积极心态

赫胥黎生于英国伦敦西部的伊林，8岁时开始上学读书。由于家境贫寒，赫胥黎只读了两年书就休学了。但是因为他爱好学习，仍然每天坚持自学，在他自己制订的教育课程表上，只留下了一个项目：阅读。

赫胥黎读书非常刻苦，每天天不亮就起床读书。因为家里穷，没钱买书桌，赫胥黎就坐在床上读书。虽然条件如此艰苦，但是赫胥黎却从来没有抱怨过，在他的心里，越是困苦就越要读书上进。他的学习兴趣相当广泛，对什么都感兴趣。开始时想学土木工程，又想搞桥梁建筑，后来又转到了医学方面，跟父亲的一个朋友专门学医。由于他聪明好学，很快就掌握了一些医学知识。但是当他想进外科学院进修深造时，却因为年龄小，未能如愿。赫胥黎求知欲很强，学习上永不满足，他在工作之余，又自学了法、德、意、拉丁和希腊等语言，成为一个自学成才的伟大学者。

在赫胥黎 21 岁时，他以海军军医的身份参加了他一生中最有意义的第一次冒险远航，根据远航的见闻和研究成果，他发表了论文——《关于水母的解剖学》，受到了科学界的高度赞扬，并获得了皇家奖章，被选为皇家学会会员。从此以后，赫胥黎的前途一点点明朗起来。接着他发表了一系列专著和论文，很快成为当时英国的最年轻、最有希望的科学家之一。

在达尔文发表《物种起源》一书后，他竭力支持和宣传进化学说。为了保卫达尔文的学说，赫胥黎在以后的 30 年间，改变了自己的学术研究方向，转而研究脊椎动物化石。

在伦敦南部肯辛顿博物馆的达尔文雕像旁，屹立着赫胥黎的大理石像，可见他的贡献之大。

积极的心态是一种极为难得的成功要素，它能驱使一个人在不被吩咐应该去做什么事之前，就能主动地去做应该做的事。

为什么有些人就是比其他的人更成功，赚更多的钱，拥有不错的工作；而许多人忙忙碌碌地劳作却只能维持生计。不少心理学专家发现，这个秘密就是人的"心态"。其实，人与人之间并没有多大的区别，成功人士与失败者之间的差别是：成功人士始终用最积极的思考、最乐观的精神和最辉煌的经验支配和控制自己的人生；失败者则刚好相反，他们的人生最受过去的种种失败与疑虑引导支配。

由此可见，拥有积极的心态会使你更容易取得成功，青少年朋友们也要牢记这一点。

要有一个常新的心态

赫拉克利特是一个敢于创新的人，年轻时曾经在希腊的一家权贵家里做事，在那里他也十分有幸地读到了很多书，这对他后来学术上的造诣也是起到了极大的作用。

一天，赫拉克利特正在主人的书房里读书，突然听到女主人大发雷霆的声音，他立马将书放下跑出去看个究竟。

只见女主人双手叉腰，恶狠狠地对着一位仆人说："你这个蠢货，把所有的事情都弄砸了，晚上还怎么办得成宴会呢？"原来，那个仆人一不小心将晚上宴会要用的一样礼器给弄坏了，而这件礼器在主人每次举行的宴会上是必不可少的东西。

那个仆人吓得浑身颤抖，根本说不出话来，只是木讷地跪在地上不断磕头。赫拉克利特看到那个仆人的可怜状，也起了同情心。突然他灵机一动，对女主人说了几句，女主人起先皱着眉头，对他的话表示怀疑，后来在赫拉克利特的解释下，女主人才勉强接受了他的建议。

晚上，宴会隆重开始。当前面的程序有条不紊地进行完了后，请出礼器的时刻到了，可是这时人们看到的不是完整的礼器，而是已经被摔坏的礼器。众人顿时哄堂大笑，而那位主人也气得脸成了猪肝色。但就在这时，赫拉克利特走了出来，只见他拿着一个锤子重重敲向了那个礼器，礼器不堪重击，变成粉末，这一举动使得宴会上的人同时惊呼。赫拉克利特放下手中的锤子，对着众人说："先生们、女士们，你们都看到了，这件在你们心中无比坚韧的礼器在那柄锤子的敲击下不堪一击。为什么我们总是要将自己的信念附注在一个并不实际的事物上面呢，我们的进步需要的是一颗敢于创新的心灵，而不是一个虚无缥缈的梦。"话音刚落，宴会上响起了热烈的掌声。

也许，让人们骤然去接受一件新的事物，或者接受一种新的思想并不容易，陈规陋习，即使并不优良，也会因习惯而使人适应。而新事物，即使更优良，也会因不习惯而受到非议。对于旧习俗，新事物好像一位陌生的不速之客，它引起惊异，却不受欢迎。然而，时代是在发展前进的，变革是常有的事，我们应该要有一个与时俱进的心态去接受这些，而不是一味地抱残守缺，止步不前。

第二节　龙树
——心态良好不生气

龙树，也被称为龙猛、龙胜，大约生活在 2 世纪，出生于南印度，佛教僧侣。其在佛教史上具有崇高地位，许多人认为他是释迦牟尼之后，大乘佛教中最重要的论师，相传为证得初地果位之菩萨。其著作甚多，有"千部论主"的称誉，其中以《中论》《大智度论》最为著称。

龙树广泛影响了大乘佛教各宗派，中观派以他为创始者，瑜伽行唯识学派与如来藏学派也多以他的著作来证明本身宗义的正确。在汉传佛教中享有"八宗共祖"的称号；在藏传佛教中，与其大弟子提婆（亦名圣天）同被列入为佛教的"二胜六庄严"之一；密宗也以他为传承上师之一，列名"八十四大成就者"中。

把心放平不动气

古印度大乘佛教论师龙树每次生气和人起争执的时候，就以很快的速度跑回寺庙去，打开经文进行抄写，直到抄满三大页纸。

因为龙树潜心修佛，他的佛学成就越来越高，他收藏的经书也越来越多。只要与人争论生气，他还是会抄写并背诵经书，所有认识他的人，心里都起疑惑，但是不管怎么问他，龙树都不愿意说明。

直到有一天，龙树很老了，他收藏的经书汗牛充栋，他自己也著作等身，他生气时，还是用无力的手一丝不苟地抄写经文，他的信徒在身边恳求他："龙叔菩提，您已经年纪大了，您不能再像从前，一生气就抄写经文！您可不可以告诉我，为什么您一生气就要抄写这么多经文呢？"

龙树禁不起信徒恳求，终于说出隐藏在心中多年的秘密，他说："年轻时，我一和人吵架、争论、生气，就抄写经文，边抄边想：我的见识和学问还这么浅薄，我哪有时间，哪有资格去跟人生气呢？一想到这里，气就消了，于是就把所有时间用来努力工作。"

信徒问："龙叔菩提，您年纪老，又变成最富有学识的人，为什么还要抄写经文？"龙树笑着说："我现在还是会生气，生气时就不吃不喝地抄写经文，边抄边想，我已经收获了如此多的真知，我又何必跟人计较？一想到这儿，气就消了。"

可见自我心理调适很重要。如果想要不生气，想要让自己冷静下来就要保持一个良好的心态。

古时有一个妇人，特别喜欢为一些琐碎的小事生气。她也知道自己这样不好，便去求一位高僧为自己谈禅说道，开阔心胸。高僧听了她的讲述，一言不发地把她领到一座禅房中，落锁而去。

妇人气得跳脚大骂，骂了许久，高僧也不理会。妇人又开始哀求，高僧仍置若罔闻。妇人终于沉默了，高僧来到门外，问她："你还生气吗？"

妇人说："我只为我自己生气，我怎么会到这地方来受这份罪。"

"连自己都不原谅的人怎么能心如止水？"高僧拂袖而去。

过了几天，高僧又问她："还生气吗？"

"不生气了。"妇人说。

"为什么？"

"气也没有办法呀。"

"你的气并未消逝，还压在心里，爆发后将会更加剧烈。"高僧又离开了。

高僧第三次来到门前，妇人告诉他："我不生气了，因为不值得气。"

"还知道值不值得，可见心中还有衡量，还是有气根。"高僧笑道。

当高僧的身影迎着夕阳立在门外时，妇人问高僧："大师，什么是气？"

高僧将手中的茶水倾洒于地。妇人视之良久，顿悟，叩谢而去。

何苦要气？气是玉上的裂痕，是钻石上的瑕疵，如果我们专注于此，便无法欣赏玉的润美，钻石的耀眼。

气是用别人的过错来惩罚自己，明白了这个道理，还有多少人愿意去跟别人生气呢？

别让虚荣蒙蔽了我们的眼睛

希腊著名哲学家赫拉克利特曾经问他的学生："在某个经常刮暴风的小岛上有两种昆虫，一种昆虫的翅膀阔大，另一种昆虫的翅膀窄小，哪一种昆虫更适于在小岛上生存呢？"

有的学生就说："应该是翅膀阔大的更适于在小岛上生存吧？因为岛上风那么大，翅膀太小怎么能飞起来呢？"

赫拉克利特笑了，说："翅膀越人，海风刮它的作用不就越大吗？大翅膀的昆虫在逆风飞行时会十分吃力，它很可能会因为翅膀的阔大为自己招来杀身之祸——被暴烈的海风掀翻，摔死在坚硬的礁石上。相比之下，小翅膀的昆虫却可以迎着海风惬意地飞，就像在海底穿梭的梭子鱼，轻捷、有力。可不要小瞧那窄小的翅膀，那才是聪明的昆虫战胜暴风的最得力武器呢！"

说完这段话，赫拉克利特望着环坐四周若有所思的学生们，不禁笑了。而学生们也从这一次谈话中深深体会到了一个道理，那就是——别让虚荣蒙蔽了我们的眼睛。

我们大多数人都曾艳羡过"其翼若垂天之云、水击三千里"的大鹏鸟，以为唯有那样的飞行才堪称是真正的飞行。只是我们不知道，在锻造生命飞行之翼的时候，我们不经意地往里面添加了许多阻遏自己飞行的"大翅膀"——自负、贪婪、虚荣、好大喜功……我们往往会被那些虚无的东西所迷惑。

人生需要的是最初的本真，我们可以抑制自己一切的欲望，不去想那些让人困惑的事情。

第三节　蒙田
——用写意的心态面对生活

蒙田（1533—1592）是文艺复兴时期法国著名的思想家、作家，出生于波尔多的一个新贵族之家。其著作《随笔集》共3卷、107篇，对法、英散文随笔的发展颇具影响。《随笔集》在西方文学史上占有重要地位，作者另辟新径，不避嫌疑大谈自己，开卷即说："吾书之素材无他，即吾人也。"尼采谈到蒙田时说："世人对生活的热情，由于这样一个人的写作而大大提高了。"

《随笔集》首两卷在 1580 年出版，三卷版付梓于 1588 年，蒙田死前还在病榻上增订该书。学者习惯将蒙田的思想分为三个阶段（尽管未必准确）：斯多葛时期（1572—1574 年）、怀疑主义时期（1576 年）、伊壁鸠鲁时期（1578—1592 年）。三个阶段的思想也粗略反映在《随笔集》三卷中，卷二的《为塞朋德辩护》一文，被认为代表了蒙田的怀疑主义思想，该篇也是《随笔集》里最长的一篇（后世很多出版商将这一篇独立成书）。

生活应该更写意

蒙田有一位朋友是商人，这位朋友每日都陷在自己的事业中无法自拔。蒙田看着那位朋友日渐消瘦的脸颊，不禁为他的健康感到担忧，但是无论如何去劝，那位朋友仍旧不听他的话，依然如旧。

终于有一天，那位朋友因劳累过度病倒了，蒙田赶去看望，那位朋友见到蒙田，不禁面露惭色。

蒙田对那位朋友说："朋友，你以前活得太累了，像你那样怎么过得下去呢？生活的意义并不是只有金钱，你看你，钱是赚取了不少，可是到头来，你一病，又要花费不少，这何苦呢？"

朋友听了蒙田的一席话，觉得有道理，也深感往日的不值，也答应病好后转变心态，改变自己的生活方式。

后来，那位朋友果然与蒙田一道经常去游历山水，谈诗论文，该吃饭的时候吃饭，该睡觉的时候就睡觉。即便是他一个人在花园中散步，他都能寻求独处的愉悦，觉得这也是美好的。

天性促使我们为保证自身需要而进行活动，这种活动也就给我们带来了愉快。即便是在最繁忙的时候，也要充分享受自然的、正当的生活乐趣。这不是要使你精神松懈，而是增强生命的活力和生活的色彩。

我们应该懂得合理安排自己的生活，我们的责任是调整自己的生活节奏，使自己的生活危缓有序，我们的生活和心态都应该更写意一些。

不求功利，但求快乐

查拉图斯特拉一生未曾当过任何官职，有很多人为他惋惜。但是他对此并没有太多的遗憾。

他的门徒曾经问他："您对于金钱、对于权势为什么就没有一点动心呢，难道您看到那些有钱有势的人逍遥快活不觉得嫉妒吗？"

查拉图斯特拉微微一笑，指着自己的头说："你看看我的额头，皱纹多吗？"

门徒仔细看了看，然后摇摇头说："不多。"

查拉图斯特拉颔首微笑着说："这就对了，因为我并没有因为功利而感到不快乐。"

查拉图斯特拉走下了神台，门徒紧随其后，问："那您是怎么做到的呢？"

查拉图斯特拉缓缓停住了脚步，说："很多东西，你要看淡。功利对我来说就像那天上的浮云，随风而逝；而快乐对我来说却是永恒的。"

门徒呆呆地望着查拉图斯特拉离去的身影，若有所思。

人只能活一次，因此人就应该活得舒心，活得快乐，活得潇洒。精神压力太大，争强好胜的心太强，生活太无规律，精神和体力迟早都会崩溃。要活得舒心，活得快乐，活得潇洒，就要学会知足，学会随遇而安。知足常乐，随遇而安就是幸福。

平庸之人与有钱、有势、有权的人一样，都是平等的。因为都是人，就没有必要违心地仰人鼻息，笑脸求人！生活毕竟不是演戏，无须用太多的脂粉去涂抹自己，无须时时戴上"面具"去"逢场作戏"，那样岂不是活得太累了吗？想笑就笑，想唱就唱，挣多挣少都心地坦然，活得朴素自然，活得坦坦荡荡。这就是舒心，这就是快乐，这就是潇洒！

自己有多大"能量"，能干出多少成绩，应该有自知之明。当然，我们应努力在年轻力壮的时候去争取辉煌；而在辉煌的时候，也应清醒地看到山外有山，而不要骄傲自满，目中无人。这样就避免了浮躁，避免了错误。能够创造辉煌固然可喜，但奇迹的产生往往归于各种原因，天时地利人和加机遇，缺哪一样都只能是功亏一篑。所以，与其强求成功，不如培养自己有一个坦然、健康的心态。

只要我们一生都脚踏实地地做事，即使创造不出什么辉煌，也能感受到生活的真实、追求的快乐，亦能做到"得鱼固可喜，无鱼亦欣然"！人生载不动太多的烦恼和忧愁，唯有内心泰然、坦然，才能自得其乐。如果我们能够保持一颗平常心，坐看云起云落、花开花谢，就能获得一份好心情。保持平静的心态，保持平衡的心理，以最美好的心情来对待每一天，我们的每一天都会充满阳光和希望。

第四节　孔德
——用积极的心态面对问题

奥古斯特·孔德是法国著名的哲学家，社会学、实证主义的创始人，被尊称为"社会学之父"。

1798年1月孔德出生于蒙彼利埃的一个中级官吏家庭。1817年8月，他成为著名的空想社会主义者圣西门的秘书。1830年，《实证主义教程》第一卷出版，稍后其他各卷（共六卷）陆续出版。孔德在1842年出版的第四卷中正式提出"社会学"这一名称并建立起社会学的框架和构想。

他认为人类社会具有统一性。人性中的感性是推动社会发展的动力，人性中的才智是推动社会发展的工具。因而，理想社会应该是人人都有实证思想，由企业家或科学家当主管，用科学指导生活，没有战争，很有秩序的工业社会。在那儿，大家有统一的信仰，教权很重，人人都轻视世俗中按才智区分的地位，而重视精神上的地位。过去的社会和目前的社会是不完美的，但会进化到理想社会中去，进化的动力是差异性。个人无法改变历史，社会大于个人，语言、宗教、所有制、人数与财富都在传承、支撑着社会。分工对社会有利有弊，社会现象之间彼此联系，有一定的功能，理想社会会自动实现。

用积极的心态迎接未来

著名哲学家孔德说："不要以为拖拖拉拉的习惯是无伤大局的，它是一个能使你的抱负落空、破坏你的幸福甚至夺去你的生命的恶棍。"孔德的学生威廉是一个办事拖拉的学生，但是他觉得自己很难改变这个不好的习惯。

一天，孔德对威廉说："威廉，你不应该认为你的这种作风是你固有的个性，或者是一种不可救药的毛病，实际上并不是这样，这是一种坏习惯。它与其他的坏习惯一样，同样可以被克服掉。你最好还是在这个恶习把你摧毁之前果断地把它除掉吧。"孔德的这番警告使威廉感到震惊，他决心着手解决这个问题，直到彻底战胜它为止。在孔德的指导下，威廉终于成功地改掉了拖拉的恶习。

生活之中，问题无处不在。面对问题，怎样去解决，完全取决于你的态度。有时我们明明看到了问题的所在，却仍大步向前走，对问题视而不见；有时我们有其心力去解决问题，却往往被问题吓倒，勇气小于恐惧。

《钢铁是怎样炼成的》一书中的主人公保尔·柯察金，一身疾病缠身，但仍积极写作，鼓励人们努力坚持，直到生命的最后一刻。正是主人公这种积极向上的心态，才会顺利走出逆境，迎接生命的鲜花掌声。

我们常说在面对逆境中的困难时，不是困难打败了你，而是你自己的心态打败了你自己。在顺境中，我们靠着本事生存下去；在逆境中，我们靠着信念走下去。积极的心态是阳光和雨露，选择了积极的心态能够使人顽强乐观地走下去；而消极的心态，却无异于慢性自杀，选择了消极的心态，就是选择了灭亡。

乐观的人在遭遇挫折与失败时，仍以积极的心态去面对，心中的那份激情不减，所以能坚持，直到迎来生命的曙光。生命中，是艳阳高照，还是阴雨密布，完全取决于你的心态。我们每个人都应该学会用积极的心态，去面对所处的逆境。

所以，即使你身处寒冷的冬季，只要心中有阳光就能闻到春天的气息；即使你身处逆境，只要你心中怀揣的积极的阳光心态，头顶总会艳阳高照；即使你在逆境中被一次次打败，只要你怀揣积极的心态并乐观地生活，就能在逆境中站起来，你就能用不屈的信念迎接未来。

成功源于积极的心态

威廉·怀拉是美国推销寿险的顶尖高手，年收入高达百万美元，他成功的秘诀就在拥有一张令顾客无法抗拒的笑脸。但是他那张迷人的笑脸，并非天生，而是长期苦练出来的结果。

威廉原来是全美家喻户晓的职业棒球明星球员，到了 40 岁因体力日衰而被迫退役，而后去应征保险公司的推销员。他自认为以他的知名度理应被录取，没想到却被淘汰了，人事经理对他说："保险公司推销员必须有一张迷人的笑脸，而你却没有。"

听了经理的话，威廉没有气馁，立志苦练笑脸。他每天在家里都会试着放声大笑百次，邻居以为他因失业而发疯了。为避免这种误解，于是他躲在厕所里大笑。经过了一段时间的练习，他又去见保险公司的经理，以便知道自己的成果，经理说："还是不行。"

威廉不泄气，仍旧继续苦练。甚至为此他还收集了许多公众人物迷人的笑脸照片，贴了满满一屋子，以便随时观摩学习。另外，他买了一面与身体同高的大镜子摆在厕所内，以便每天进去大笑三次。

隔了一阵子，他又去见经理，经理冷淡地说："好一点了，不过还是不够吸引人。"威廉不认输，又回去加紧练习。有一天，他外出散步碰到社区的管理员，很自然地笑了笑跟管理员打招呼，管理员对他说："怀拉先生，你看起来跟过去不太一样了"。这句话使他信心大增，立刻又跑去见经理，经理对他说："是有点味道了，不过那仍然不是发自内心的笑。"威廉不死心，又回去苦练了一段时间，终于悟出发自内心的、如婴儿般天真无邪的笑容最迷人，并且最终练成了那张价值百万美元的笑容。

面对困难或刁难，我们也许会找种种理由去劝说自己放弃，但当我们放弃的时候，我们是否想过下次如若还是面对这样的苦难该如何？一直放弃下去吗？

面对困难或刁难，我们也许有一次或两次的勇气去面对和解决，但面对屡次失败带来的沮丧，我们是否还有勇气去面对、去解决呢？成功者与平凡者的差距就在于此，成功者可以持之以恒，而平凡者可能因一次两次失败就打退堂。

古罗马著名哲学家西塞罗曾经说过："处在逆境时，如果没有人把它当作比你更沉重的重荷，必然更难以忍受。"处于逆境并不可怕，可怕的是处在逆境不能勇于面对而去沉沦。面对逆境只有清空了内心沮丧等消极态度的人，才能扬起风帆渡过逆境的苦海。

　　一个人不管面对什么样的状况，保持一种积极的心态，比如经常的面带微笑，那样不管什么样的困难总能横舟而过。人与人之间最初往往只有很小的差距，这个差距就是心态的积极与否，而往往这个很小的差距总会导致很大的不同——成功或失败。有一句话说，你对生活微笑，它也会回报给你同样的笑容，那我们有什么理由不乐观呢？

第五节　苏格拉底
——人要保持平和乐观的心态

　　苏格拉底，古希腊哲学家，和其学生柏拉图及柏拉图的学生亚里士多德被并称为"希腊三哲人"。他被认为是西方哲学的奠基者。他没有留下著作，其思想和生平记述于后来的学者——主要是他的学生柏拉图的著作中——和同时代的剧作家阿里斯托芬的剧作中。柏拉图的《对话》一书记载了苏格拉底在伦理学领域的贡献。

要保持平和乐观的心态

　　苏格拉底，出生于雅典，是古希腊著名的哲学家，被后人广泛认为是西方哲学的奠基者。

　　苏格拉底在结婚之前，和几个朋友一起住在一间只有七八平方米的小屋里。尽管生活非常不便，但是他一天到晚总是笑呵呵的。有人问他："那么多人挤在一起，连转身都困难，有什么可乐的？"但苏格拉底却说："和朋友们在一块儿，随时都可以交换思想，交流感情，这难道不是很值得高兴的事儿吗？"

　　过了一段时间，朋友们都成了家搬了出去，只剩下了苏格拉底一个人在这间房子里，但他仍然很快活。有人又问："你一个人孤孤单单，有什么好高兴的？"他说："我不是还有很多书嘛，一本书就是一个老师。和这么多老师在一起，时时刻刻都可以向它们请教，这怎么不令我感到高兴呢？"

当乌云密布的时候，悲观的人看到的是"黑云压城城欲摧"，看到的是一场暴风雨即将无情的袭来，乐观的人看到的是"甲光向日金鳞开"，他享受着这一时的宁静，畅想大雨倾盆的畅快。所以说对同一件事情的不同看法，只是取决于你自己的心态罢了。人应该保持平和的心态，欢乐时不要过分炫耀你的欢乐，悲伤时也不要过分夸大你的悲伤，现实往往并不像你想象的那么好或那么糟。当你"山穷水尽"的时候，乐观还是一笔巨大的财富，你完全可能依靠这笔财富重整旗鼓。如果你连这笔财富都没有了，那可真是彻头彻尾的"一无所有"了。

《悲剧世界》里的冉·阿让和《简·爱》中的简·爱无疑是两个具有魅力的人物，然而，如果他们身上一旦没有了那种顽强乐观的精神，他们的魅力还能剩下多少呢？悲观只能产生平庸，乐观才能造就卓越。从卓越的人那里，我们不难发现乐观的精神；从平庸的人那里，我们很容易找到阴郁的影子。

悲观的人，先被自己打败，然后才被生活打败；乐观的人先战胜自己，然后才战胜生活。悲观的人，能够受的痛苦有限，前途也有限；乐观的人能承受的磨难无量，前途也无量。在悲观的人眼里，原来可能的事也变成不可能；在乐观的人眼里，原来不可能的事也能变成可能。我们可以自己选择是做一个消极悲观的人还是做一个积极乐观的人。

保持不服输的心态

在运动生涯中，她曾经获得过18个世界冠军（仅次于王楠23个），连续2届4次奥运会冠军，她就是众所周知的乒乓球世界冠军——邓亚萍。

邓亚萍从小就显现了她吃苦耐劳、勤奋刻苦的精神。她从六岁起，便天天练习乒乓球，性格倔强的她有着顽强的毅力，从不娇气。童年的邓亚萍，因为受当时体育教练的父亲的影响，立志做一名优秀的运动员。但是她个子矮，手脚粗短，根本不符合体校的要求，因此没能进入体校。于是，年幼的邓亚萍跟父亲学起了乒乓球，父亲规定她每天在练完体能课后，必须还要做 100 个发球接球的动作。

正是由于她从小就接受了最艰苦的训练，这样的经历很好地锻炼了她的精湛球技和不服输的心态。当邓亚萍初逢世界名将李粉姬时，实力问鼎的她竟以 0：3 惨败，但她在失败和挫折面前没有气馁，最终她在镇江世乒赛打了漂亮的翻身仗。第 40 届世界锦标赛，李粉姬又以 3：2 击败邓亚萍，之后邓亚萍潜心揣摩和苦练，把李粉姬的技术战术特点研究得纯熟，并有针对性地演练出一套妙招。最终她击败了李粉姬，成为女子乒坛的第一人！.

邓亚萍身上的优点有很多，最值得我们学习的是她坚不可摧的意志力。她的教练张燮林这么评价邓亚萍："她的技术是一流的，不过她的意志是超一流的。即使你有比她高一等的球技，你也无法企及她的斗志。"

作为当代的青少年，我们要学习邓亚萍刻苦钻研的精神。她在 7 年中把自己的名字刻遍了所有世界大赛的金杯，为祖国赢得了荣誉。

一个充满斗志前行的人，无论成败，都是强者。我们一直都渴望能够过上自己所希望的生活，从小就在编织一个美丽的前程和梦想，梦想对一部分轻言放弃的人来说都可能无法成真，但对那些坚持梦想，奋斗不懈的人则一定会实现。

青少年要知道，一个完全的强者，心灵和身体都足够坚强。我们接受现实挑战时，若遭受到严重的打击，也会摧毁以往所建立的自信心，使我们提不起勇气，没有斗志，从而在内心产生很深的恐惧。

在现实生活中，面对生活中的挫败和压力，我们一定要保持乐观的、不服输的心态。只有这样我们才能泰然自若，成为强者。只要你能从困难中抬起头来，不因此消沉，那么成功就在前方。

第六节　德谟克利特
——幸福在于自己的心态

德谟克利特（公元前 460 年—公元前 370 年），来自古希腊爱琴海北部海岸色雷斯的唯物主义哲学家。德谟克利特是十分具有经验的自然科学家和第一个百科全书式的学者，也是古代唯物思想的重要代表。同时他是"原子论"的创始者，由原子论入手，他建立了认识论。

他认为每一种事物都是由原子所组成的，原子不可分割，并不完全一样。在自然界中，每一件事的发生都有一个自然的原因，这个原因存在于事物的本身。他在哲学、逻辑学、物理、数学、天文、动植物、医学、心理学、教育学、修辞学、军事、艺术等方面都有所建树，可惜大多数著作都失传了，至今只能看到若干残篇断简，这对理解他的思想造成了一定的困难。

德谟克利特的自然科学虽然也有类似实验解剖这样的科学结论，但是他在哲学上的大部分见解都与经验直接相关，他的原子论是受着水汽蒸发以及香味传递等感性直观而依赖哲学思维推测出来的，通过感官的参与，即经验，直接推测了原子论的可能，并由原子论进一步影响认识论等。说他是自然科学家，主要是缘于他对自然科学起到的奠基作用，但是在哲学领域，他是个彻头彻尾的经验论者，在他那个年代的哲学家鲜有严谨依赖科学思维得出哲学结论的人，这是可想而知的。

幸福在于心态

古希腊著名哲学家德谟克利特是个性格乐观的人，他接人待物都是彬彬有礼，因而颇受众人欢迎和喜爱。

有不少人曾经问德谟克利特，问他既不是很富裕又不是很有权势，为什么还会如此感到幸福和快乐呢？

德谟克利特说："在人生的长河里，我们不断地打开心扉，可我们总感觉灵魂不太活跃，感觉人生舞台没有自己想象的宽度，感觉到自己只是扮演着人生的小角色，而不能更多地改变，寻找灵魂更为宽广的空间，寻找自我的完美风景。一直困惑着我们，使我们不能真实地对待自己的，是我们欲望的心灵，是我们无休止的苛求，还是我们在完美的梦幻中的遐想呢？其实是我们不能正确地看待自身的不完美，而错失了生活真实的元素。生活中不完美的体现实际上是人生的和谐与自然，那里面包含着我们人性的优点与缺点，包含着我们对人生的处事态度，包含着我们在天地世界不停地去播种幸福，耕耘幸福。幸福并不遥远，幸福其实就在我们自己的心间。"

心境坦然，需要的时候得到的满足，就是一种幸福。或者说，人的心中存有满足感，这就是一种幸福。

有一则寓言：

有一天，一个播撒幸福的天使到人间游玩，他遇见了一个农夫，农夫的样子非常苦恼，他向天使诉说："我家的水牛刚死了，没它帮忙犁田，那我怎能下田作业呢？"

于是，天使赐他一头健壮的水牛，农夫很高兴，天使在他身上感受到了幸福味道。

又一日，他遇见一个男人，男人非常沮丧，他向天使诉说：

"我的钱被骗光了，没盘缠回乡。"

于是，天使给他银两做路费，男人很高兴，天使在他身上感受到幸福的味道。

又一日，他遇见一个诗人，诗人年青、英俊、有才华且富有，妻子貌美而温柔，但他却过得不快活。

天使问他："你不快乐吗？我能帮你吗？"

诗人对天使说："我什么都有，只欠一样东西，你能够给我吗？"

天使回答说："可以。你要什么我都可以给你。"

诗人直直地望着天使："我要的是幸福。"

这下子把天使难倒了，天使想了想，说："我明白了。"

天使拿走诗人的才华，毁去他的容貌，夺去他的财产和他妻子的性命。

天使做完这些事后，便离去了。

一个月后，天使再回到诗人的身边，他那时饿得半死，衣衫褴褛地在躺在地上挣扎。于是，天使把他的一切还给他。然后，又离去了。半个月后，天使再去看看诗人。这次，诗人搂着妻子，不住地向天使道谢。因为，他得到幸福了。

每个人都有不满足的时候，所以认为满足那些所谓的欲望就是一种幸福。其实有时候幸福就在你的身边，握在你的手里，只是你自己没有感觉到而已。比如：肚子饿坏的时候，有一碗热腾腾的拉面放在你眼前，就是幸福；累得半死的时候，扑上软软的床，也是幸福；伤心痛哭的时候，旁边温柔地递来一张纸巾，更是幸福。幸福本没有绝对的定义，平常一些小事也往往能撼动你的心灵，幸福与否，完全在于你自己的心态。

人生要学会感悟

有人曾经向释迦牟尼请教关于人生的问题，那人问："为什么我总觉得自己的生活太平淡了，没有一点激情，甚至没有一点乐趣呢？"

释迦牟尼淡淡地笑了，他说："我当王子的时候和你有着一样的想法，但是现在我没有这种想法了。"

那人追问："你是怎么摆脱这种状况的？"

释迦牟尼指着天空，说："你看到了太阳么？"

那人点点头，说："当然看见了。"

释迦牟尼又问："那你还看到了什么？"

那人迷惑着摇了摇头，说："除此之外，我什么都没看到。"

释迦牟尼缓缓地向远方走去，那人急了，说："您还没告诉我到底还有什么东西呢？"

释迦牟尼停下了脚步，指了指旁边的绿地和鲜花，说："这就是太阳带来的，这就是太阳带来的生机盎然，人生多多感悟，你自然不会感到无趣了。"

还有这么一个寓言故事：

上帝创造了驴子，对它说："你从早到晚要不停地干活，背上还需要驮着重物。你吃的是草，缺乏智慧，你的生命将会有50 年。"

驴子回答说："像这样生活50年太长了，最好不要超过20年。"上帝答应了。

上帝创造了狗，对它说："你需要随时保持警惕，守护着你最好的伙伴——人类和他们的住所。你吃的是他们桌上的残食，你的生命是25 年。"

狗回答说："像这样生活25年太长了，请您改变我的生命为10年吧。"上帝答应了狗的请求。

上帝创造了猴子，对它说："猴子，你悬挂在树上，像个白痴一样令人发笑，你将活在世上20年。"

猴子眨眨眼睛回答说："主啊，如同小丑般活20年太长了，10年就够了。"上帝也答应了猴子的要求。

最后，上帝创造了人，告诉他："人，你要有理性地活在这个世上，用你的智慧掌握一切、支配一切。你的生命为20年。"人听完后回答说："主啊，人只活20年太短了。请您把驴子拒绝的30年、狗拒绝的15年和猴子拒绝的10年都赐予我吧。"上帝同样答应了。

正如上帝安排的那样，人好好地活了开始的20年；接着成家立业，如同驴子一般，背着沉重的包袱拼命工作；然后，又像狗一样认真守护着孩子，吃光他们碗里剩下的食物；但人老的时候，活得又像猴子一样，扮演小丑给孙子们取乐。

现实中，很多人就是这样走过他们的人生。

一个人一生经历的事、遇到的事很多，会快乐，会难过，会高兴，会失望。人们总是在得与失中徘徊，但是人生最重要的是什么？当然是快乐地享受每一天，珍惜自己所拥有的一切。生活中也许会有遗憾，会有后悔，会有烦恼和忧愁，但那都是人生的一部分。所以，活着，就一步一步好好向前走，永远不必苦苦追问自己失去了什么，那没有意义。

倘若没有一颗善于感恩的心，那人就会活得如行尸走肉，我们的生命也会暗淡无光。只有打开心灵的门扉，仔细地、用心地去品味生活，才能了解人生的滋味。

第 5 章

温情人生：爱是美德的种子

爱是一个十分广泛的定义，它包括父母之爱、朋友之爱、情侣之爱，也许每种爱的性质有所不同，但它们无疑都给人带来无尽的温情感。爱是最伟大的力量，它是人类得以发展至今精神上的最大寄托，是一切力量和信念的源泉。因为有爱，人的生命中才会有那么多的希望和期盼。

第一节　卡耐基
——伟大的母爱

戴尔·卡耐基（1888 年 11 月 24 日—1955 年 11 月 1 日），美国现代成人教育之父，美国著名的人际关系学大师，西方现代人际关系教育的奠基人，被誉为是"20 世纪最伟大的心灵导师"和"成功学大师"。美国人戴尔·卡耐基利用大量普通人不断努力取得成功的故事，通过演讲和书唤起无数陷入迷惘者的斗志，激励他们取得辉煌的成功。他在 1912 年创立卡内基训练班，以教导人们人际沟通及处理压力的技巧。其在 1936 年出版的著作《人性的弱点》，80 年来始终被西方世界视为"社交技巧的圣经之一"。

母爱是伟大的

卡耐基小时候是个大家公认的非常淘气的坏男孩。在他 9 岁的时候，他父亲把继母娶进家门。当时他们是居住在维吉尼州乡下的贫苦人家，而继母则来自较好的家庭。

他父亲一边向继母介绍卡耐基，一边说："亲爱的，希望你小心这个全郡最坏的男孩，他可让我头疼死了，说不定会在明天早晨以前就拿石头扔向你，或者做出别的什么坏事，总之让你防不胜防。"

出乎卡耐基意料的是，继母微笑着走到他面前，托起他的头看着他。接着又看着丈夫说："你错了，他不是全郡最坏的男孩，而是最聪明、但还没有找到发泄热忱的方式的男孩。"继母的一番话说得卡耐基心里热乎乎的，眼泪几乎滚落下来。就是凭着她这一句话，他和继母开始建立友谊；也就是这一句话，成为激励他的一种动力，使他日后创造了"成功的 28 项黄金法则"，帮助千千万万的普通人走上成功的光明大道。

正是因为在她来之前没有一个人称赞过他聪明，他的父亲和邻居认定他就是坏男孩，所以这句夸奖对他弥足珍贵，改变了他的人生。

来自继母的这股爱的力量，激发了他的想象力，激励了他的创造力，帮助他开发了无穷智慧，使他成为 20 世纪最有影响力的人物之一。

关于母亲的，还有这样一篇纪实散文，让无数的人感动：

"母亲，不认识一个字，但我的每一封信她都要看几遍，甚至在半夜，母亲是用心去阅读儿子在外的日子。母亲会为我的一声咳嗽担心得三天三夜吃不下、睡不着，会为我的一次感冒担心整整一个冬季。随着我的日益长大，母亲的话越来越少，所有的日日夜夜都在拉长我和母亲之间的距离。我说话，她就在一旁默默地听；我换下衣服，她就默默地拿去洗；起风了，她就会摸着月色爬起来，小心翼翼地关好门窗，然后蹑手蹑脚地走出我的房间；天冷了，她就会拿一件衣服默默地放在我的床边。

而我却一度忽略了母亲的存在，直到有一天才知道，远方我的母亲坐在门槛上，从风里雨里聆听我的消息。母亲，请你不要松开你的手：在你面前，我是一个永远长不大的孩子，远行的路上，我还有太多的迷惘与彷徨，需要你的双手牵引。从此，沉默的时候，我就想起我的母亲。"

母亲，一个响亮而又圣洁的名字，她的一生都是在为自己的儿女默默奉献，这种奉献不图任何回报；母亲对自己的孩子谆谆教诲，循循善诱，就像卡耐基的母亲一样，将我们领入成功的殿堂。母亲，一个光荣而又伟大的名字，她的一生虽然平凡，但是这种平凡又是何其的伟大！

母爱的伟大，不是三言两语就能说得清楚，她需要太多太多的词汇去形容——又或许任何词汇都无法形容。母爱的伟大，甚至会让你改变一生，走向成功！让我们多关心一下自己的母亲吧，她为我们付出了太多太多。

母爱是最丰厚、最庄严的奉献，是改变这个世界的强大的力量和信念。

这就是母爱

雅安市芦山县地震以来，我们透过电视走进了灾区，看到了我们政府的"以人为本"，看到了人民解放军的不屈不挠，看到了全国人民的万众一心，看到了灾区民众的顽强精神，还看到了一种叫母爱的伟大……

芦山县凤凰村的任云天，年仅6岁，是重庆紧急医学救援队在芦山县城救治的第一个伤员。云天的爸爸在外打工，家里只有妈妈、哥哥和他。地震当天哥哥不在家，他和妈妈正在家里吃早饭，地动山摇了几分钟就把小云天和妈妈所处的房屋震塌了。在那一瞬间，妈妈王加学拼命地把儿子往外推，整个身体护住儿子，瓦砾石块砸中了妈妈，云天得救了，等妈妈被人救出来时，右手臂和右腿都断了。

地动山摇的一刹那，芦山县樊敏路的杨玉蓉刚给孙儿穿好衣服，听到房子摇得哗哗响，就一边抱起孙儿往外跑，一边扯起喉咙喊叫全家人赶快逃命。到了楼外，她看见儿媳、女儿都在，唯独没有儿子凌立。儿媳带着哭腔告诉她"凌立还在厕所"，此时，房屋正在垮塌，一些砖头和家具正纷纷落下，杨玉蓉不顾一切地冲回厕所，从一块两米多长的预制板的缝隙中，看到了儿子的身体。"儿子，等着哈，妈妈来救你了！"杨玉蓉给儿子打气说。此时，凌立正身陷厕所不能动弹。听见外面哗啦啦的声响，哭着求妈妈："妈妈，还有余震，你不要管我。"儿子的哭求，动摇不了一个母亲救儿子的信念。杨玉蓉不顾正在垮塌的楼房，瘦弱的她不知道从那里来的那么大的力气，竟搬开了那块 200 多斤重、压在儿子身上的预制板，把儿子救了出来。接受记者采访时，杨玉蓉的眼泪忍不住流了下来。她真不敢相信她能搬动 200 多斤的预制板，凌立也对母亲爆发出的巨大力量感到惊讶，他说："只有伟大的母爱才会爆发出如此大的力量。"

地震发生时，芦山县双石镇 33 岁的产妇朱开慧眼见房顶不断砸下瓦砾、石块，她拉着 11 岁的儿子躲到床下，一直跪着，身体弓起，将床撑起，最大限度地保证"两个孩子"的安全……当她被送往医院时，剖腹产下一个男孩，母子平安。

49 岁的邹汉君静静地躺在芦山县人民医院后面的草坪上。她的遗体被挖出来时，邻居们在她怀里看到了她 7 岁的儿子杨福珍，孩子福珍奇迹般地没受任何伤害。这是妈妈用怀抱护住了孩子。

芦山县双石镇送出一个 8 岁男孩杨宇杰，他母亲杨双梅已经不幸遇难了，她的身体紧紧护着儿子，就是由于母亲的保护，儿子才没有被砸到，仅手指受伤而已。

4 月 20 日，芦山县龙门乡五星村九组，用身体护住儿子的妇女被救出。母亲蜷曲着身体，用上半身护着一个没有穿裤子的小孩子，一动不动。当雅安市消防支队特勤中队副中队长杨文博和他的战友清理废墟时，看到眼前的这一幕，让他们感动不已。

还有一名 2 岁的小孩因房屋倒塌被埋在废墟中，地震发生时，妈妈张开臂膀将他揽入怀中，因此，小孩仅受轻伤。

这就是母爱，这就是可歌可泣的伟大母爱！地震中的母爱尤其令人

感动不已：面对突如其来的地震灾难，生命无疑是脆弱的，但在生死绝择的那一刻，母爱又是顽强的。母亲们总是在巨大的灾难来临之际，毫不犹豫地舍弃自我，把生的希望留给后代，这种母爱，无与伦比，令世间所有的爱都相形见绌。

郑振铎曾经说过："成功的时候，谁都是朋友。但只有母亲——她是失败时的伴侣。"米尔也说过："母爱是世间最伟大的力量。"印度还有一句名言："世界上一切其他都是假的，空的，唯有母亲才是真的，永恒的，不灭的！"

亲爱的青少年朋友们，让我们每个人一辈子都能记住母亲的恩德，好好地孝敬父母吧！

第二节　达尔文
——父爱的引导

查尔斯·罗伯特·达尔文（1809年2月12日—1882年4月19日）是英国生物学家，进化论的奠基人。他曾乘贝格尔号军舰作了历时5年的环球航行，对动植物和地质结构等进行了大量的观察和采集。他的《物种起源》这一划时代的著作，提出了生物进化论学说，从而摧毁了各种唯心的神造论和物种不变论。除了生物学外，他的理论对人类学、心理学、哲学的发展都有不容忽视的影响。恩格斯将"进化论"列为19世纪自然科学的三大发现之一。

父爱的良好引导

有一个孩子在同学中的人缘很不好，因为他经常"说谎"。

有一次，这个孩子在泥地里捡到了一枚硬币，他神秘兮兮地拿给他的姐姐，说："姐姐，这可是一枚古罗马硬币哦。"姐姐拿过一看，发现这是十分普通的旧币，只是由于受潮生锈，显得有些古旧罢了。孩子的姐姐便把这件事告诉了父亲，希望父亲好好惩罚他，让他改掉令人讨厌的"说谎"习惯。可是父亲却叫过孩子，微笑着对他说："宝贝，我怎么能够责备你呢？你的想象力可真足够丰富啊。"

对于孩子父亲的"怂恿"行为，许多人都很不理解，认为这样下去势必会害了孩子，他长大以后一定会变成一个满口假话的人。

这孩子长大后会是什么样的人呢？

谁也没有料到，这个孩子长大以后却成了一位著名的科学家，他的名字叫达尔文。

现在，所有人都知道，他的进化论，就是建立在超乎常人想象和为此进行的大量实物证明之上的。没有想象，就没有今天的进化论。

当所有人都对你失望，当所有人都不看好你的时候，会有人站在你背后默默支持你——也许，他就是你的父亲。父爱如山，他往往是沉默的，但是总会在关键时刻给予你最大的帮助；父爱似海，他往往是宽容的，即便你曾经顶撞过他，但是父亲依然会在你的身后默默关心着你。

曾几何时，我们说过最恨父亲的严苛，可是谁又记得父亲在我们生病时那焦急的样子；谁又记得父亲在我们获得些许成绩时高兴的样子；谁又会记得父亲在为我们前途操心的苦涩呢？父亲，千言万语道不尽他对子女那浓得化不开的深沉之爱。他对我们不仅仅只是一种生活上的关心，更体现在他对我们人生坐标的引导。

父亲用自己的亲身体验告诫我们如何为人处世，如何学习，如何生活……我们从父亲身上学到的东西太多太多，这些足够我们一生受用。

父亲对我们的影响深远而又深刻，它是一种智慧的引导，足以让我们改变整个人生。

父亲劳碌一生只为了儿女成才，我们没有理由让父亲失望，我们应该好好地对待自己的父亲，因为他是我们的引路人，更是我们的避风港。所以，青少年朋友们，善待我们的父亲吧！

父爱对孩子的成长具有重要的作用

美国临床心理学家斯蒂芬·波尔特在《父亲的因素》一书中说："一个人在职场中的成功或失败，和他的父亲的类型是有联系的，父亲会对子女的职业产生重大影响。父亲尽职，孩子跟同辈就相处得比较好，在社交方面表现得更有自信，对新环境适应能力强，也更能应付变化，在智力测验中得分也较高。"可见，父亲在家庭教育中起着举足轻重的作用。

伟大的作家高尔基说过："父爱是一部震撼心灵的巨著。读懂了它，你也就读懂了整个人生"。也许现在我们还不能完全读懂他，只有我们自己为人父母时才会理解父母的辛劳。现在我们应该珍惜他对我们的爱，学会理解并体会他为我们付出的一切。

儿子年幼时，父亲总喜欢用他的大手牵着儿子的小手，那时，父亲在儿子眼里，魁梧而坚强。儿子5岁那年，父亲下岗了，坚强的父亲远赴沿海城市打工。父亲已四十多岁，什么都做，省吃俭用，寄回来的钱比原来拿的工资还多。

儿子8岁时，厄运降临。对儿子无比疼爱的母亲因患胃癌去世。生离死别太早让他遇上，他觉得天都塌下来了。这时，父亲做出一个决定：带着儿子去打工。

漂泊的路上，父亲扛着沉重的行李，有时还要背上儿子去赶车。父亲宽厚的背让他觉得，被母亲带走的那个温暖的世界，正慢慢地重新回到他身边。打工收入不高，只能住最简陋的出租房。

寒冷的冬夜，无取暖设备的房间里，父亲会把儿子紧紧地搂在怀里，让他感受到父爱是如此的温暖。

年岁渐长，小小出租屋里有了儿子做家务的身影，洗衣、煮饭、扫地……做起来得心应手。每每遇到困难，儿子总能想起父亲对他说过的话："坚强，再大的困难都能挺过去！"尽管四处寄读，可从小学到高中，儿子的成绩始终保持优良。2008 年 9 月，他成了一名名牌大学大学生。

"父爱是拐杖，让我们在人生中少摔跟头；

父爱是良言，让我们做出正确的判断；

父爱是阳光，让我们健康的成长；

父爱是音乐，让我们快快乐乐的生活；

父爱是蜡烛，默默地为我们奉献着自己。"

这首小诗虽不精致，却把父爱的伟大含蓄地表达出来了。

父爱可以使人变得刚强、坚毅。父亲在孩子生活中的重要地位是不容忽视的，男性所具备的心胸开阔、性格刚强、自立、勇敢、逻辑思维、活动能力等品质，对子女的个性形成和行为塑造都起着非常独特的作用。作为青少年的我们要多主动亲近父亲，听听他们的教导，这无论是对我们自身的发展，还是对于父亲间的情感沟通，都有着重要的作用的。

第三节 斯宾塞
——爱情与友谊

赫伯特·斯宾塞（1820 年 4 月 27 日—1903 年 12 月 8 日），英

国哲学家。他被评价为"社会达尔文主义之父"，提出把进化理论——适者生存应用在社会学上，尤其是教育及阶级斗争。他的著作对很多课题都有贡献，包括规范、形而上学、宗教、政治、修辞、生物和心理学等等。

斯宾塞终身未娶。有一次他在路上遇到两个朋友。一个朋友问他："你不为你的独身主义后悔吗？"斯宾塞愉快地答道："人们应该满意自己所做出的决定。我为自己的决定感到满意。我常常这样安慰我自己：在这个世界上的某个地方有个女人，因为没有做我的妻子而获得了幸福。"他就是这样一个纯粹的人，有着最单纯的想法。

爱情与友谊都是可贵的

英国著名哲学家赫伯特·斯宾塞尽管是个独身的人，但是他对于爱情和友谊这两种情感依然有着自己的独到见解。

曾经有不少人问赫伯特·斯宾塞，问他男女之间是否存在真正的友谊。

赫伯特·斯宾塞对那些人说："男女之间怎么就没有友谊呢？难道每一对男女之间除了爱情还是爱情，别无他物了吗？"

那些人又问他，那么爱情与友谊又该如何去区分呢？

赫伯特·斯宾塞反问道："你们结婚之后，爱情是越来越浓还是越来越淡呢？你们和朋友聚会，是越发感到珍惜还是越发感到无味呢？"

那些人听到了这席反问，不禁回想起自己的事情，刹那间发现果真如斯宾塞所问的那样，爱情在时间的流逝中，愈发显得平淡了，也许这也是一种习惯；而友谊在时间的流逝中，愈发显得可贵了。赫伯特·斯宾塞又说道："爱情与友谊都是可贵的东西，人假使缺少了它们，那真的是一种悲哀。"

纯洁的友谊中有一种平庸之辈无法领略的情趣。爱情是不假思索的感情，由于欲念或软弱，它猝然而生，对方的一颦一笑使我们动情，使我们心动神移。相反，友谊是随着时间，通过接触和长期的交往逐渐形成的。朋友间多年的默契、善意、情谊、关照和殷勤怎么可能比不上一张漂亮的面孔或一只秀美的手刹那间的魅力呢？时光的流逝积累着友谊，却削弱着爱情。

友谊需要栽培。由于缺乏照料、信赖和交流，它可能死去。但友谊又可以说是像侠客那样，相逢一笑只为杯盏淡酒。友谊是一种默契，是一种历经沧桑也不会被改变的信念。

友谊与爱情都是人这一生中最宝贵的感情，缺少了它们，你的人生不会完整。那种遗憾是用什么都无法弥补的，只有真正经历过了，才知道这两种情感的可贵；只有真正经历过了，才知道这两种情感的来之不易。

珍惜你的友谊，呵护你的爱情，别让这两种宝贵的"爱"离你远去！

爱情与婚姻

有一天，苏格拉底的学生柏拉图问他什么是爱情，苏格拉底就让他先到麦田里去，摘一棵全麦田里最大、最黄的麦穗来，只能摘一次，并且只可向前走，不能回头。柏拉图按照苏格拉底说的去做了，结果他两手空空的走出了田地。苏格拉底问他为什么，柏拉图说："因为只能摘一次，又不能走回头路，所以即使见到大的、金黄的，但不知前面是否有更好的，所以没有摘；走到前面时，又发觉总不及之前见到的好—原来最大、最金黄的麦穗早已错过了，所以我什么也没摘。"苏格拉底说："这就是爱情。"

之后又有一天，柏拉图问苏格拉底什么是婚姻，苏格拉底就叫他先到树林里，砍下一棵全树林最大、最茂盛、最适合放在家作圣诞树的树。同样只能砍一次，只可以向前走，不能回头。柏拉图于是照着苏格拉底的说话做，这次，他带了一棵普普通通，不是很茂盛，亦不算太差的树回来。苏格拉底问他怎么带这棵普普通通的树回来，他说："有了上一次经验，当我走到大半路程还两手空空时，看到这棵树也不太差，便砍下来，免得错过了后，最后又什么也带不回来。"苏格拉底说："这就是婚姻！"

这个故事告诉我们在绝大多数人眼里的婚姻都是"凑合"，并不是自己内心深处渴望的、追求的、最能满足自己意愿的。大家总是抱着"完美"的要求择偶，寻找自己人生的另一半，而觅得的伴侣也许并不是自己心目中那个真正的完美对象。人生正如穿越麦田和树林，只走一次，不能回头。想要找到属于自己最好的麦穗和大树，你必须要有莫大的勇气和付出相当的努力。

真正拥有这样勇气的人，可谓是寥寥无几、凤毛麟角。但是人们似乎忘了如今的人类思想已经发生了翻天覆地的变化，婚姻真能"凑合"吗？其实婚姻还是应该建立在爱的基础上的，因为唯有爱才能让你有力量承受之后更多的挫折和变数。

爱是最伟大的力量，它是人类得以发展至今精神上的最大寄托，是一切力量和信念的源泉。我们应当有爱：爱事业，爱荣誉，爱老人和孩子，爱自己的国家和民族，爱世界和人类，爱自然界里的一切生命和小桥流水。从我们自己的爱里可以享受到光荣和骄傲，享受到日丽风和，享受到美好与诗意。

我们应当有爱。一个人如果没有爱，就像一个人失去了生命一般，他只是行尸走肉，只是木头或是机械，他会生活在麻木中，他的生命中将不会有什么希望和光明。

爱，是世界上共同的语言，是人世间最美丽的文字，是摒弃了种族、性别、年龄乃至生死临界的一束道德光环。只要人人都献出一份爱，社会会更加温暖，自己的人生也会变得更有意义。

第四节　培根
——珍惜你的朋友

弗朗西斯·培根（1561年1月22日—1626年4月9日）是英国唯物主义哲学家、思想家和作家，被马克思称为"英国唯物主义的第一创始人和整个现代实验科学的真正始祖"。

培根是第一个意识到科学及其方法论的历史意义以及它在人类生活中可能扮演的角色的人。他试图通过分析和确定科学的一般方法和表明其应用方式，给予新科学运动以发展的动力和方向。他一开始就探索实验方法的各种可能性，他说他要做"科学上的哥伦布"。1605年，他出版了第一本书《学术的进展》，这是解释他的见解的最早的一部通俗读物。

珍惜身边的朋友

弗朗西斯·培根曾经说过"知识就是力量"，这一句真理性的话语值得我们一生牢记，但是谁知道他对于朋友又有着怎样精彩的阐述呢？

培根有一位很要好的朋友，他们经常一起探讨人生、知识，探讨各种各样的问题。培根对这位朋友说："你是我这一生中最重要的人了，因为有了你，我才知道自己的不足与浅薄。"

但是事情的发展总是不那么尽如人意，培根因为一件小事与这位朋友闹翻了，二人甚至断绝了来往。

后来有一次，培根去参加英女王举行的围猎活动中，不小心从马上坠落下来，摔伤了大腿。但是此时的培根只身一人在森林里，真是叫天天不应，叫地地不灵。他想：或许不会有人来了吧，或许会被野兽给吃掉了呢。正当他万念俱灰的时候，他却看到他那位挚友满身泥土地跑了过来，那位挚友见了他，惊呼："我终于找到你了，你不知道失去你的消息时，我有多么着急。"培根被那位挚友背了回去，得到了及时的救治。

后来，培根的那位挚友因为一次意外而身亡，培根在悼念仪式上悲痛欲绝，他哭着感叹："一个人只有在失去时才知道朋友的宝贵，一个真正的朋友所带来的帮助是什么都无法比拟的，这种智慧怎么总是在失去时才能得到呢？"

在阿拉伯传说中有这样一则故事：有两个朋友在沙漠中旅行，在旅途中他们吵架了，一个给了另外一个一记耳光。被打得一方觉得受辱，一言不发，在沙子上写下："今天我的好朋友打了我一巴掌。"

他们继续往前走，直到到了沃野，一次意外中，被打巴掌的那个人差点淹死，幸好被朋友救起来了。被救起后，他拿了一把小刀在石头上刻了："今天我的好朋友救了我一命。"

一旁好奇的朋友问说："为什么我打了你以后，你要写在沙子上，而现在要刻在石头上呢？"

另一个笑笑，回答说："当被一个朋友伤害时，要写在易忘的地方，风会负责抹去它；相反的，如果被帮助，我们要把它刻在心里的深处，那里任何风雨都不能磨灭它。"

朋友之间相处时，那些伤害往往是无心的，帮助却是真心的。忘记那些无心的伤害，铭记那些真心的帮助，你会发现在这世上你有很多真心的朋友。

有句话说得好："你只需要花一分钟注意到一个人；一小时内能变

成朋友；一天让你爱上他；一旦真心爱上，你却需要花上一生的时间将他遗忘。"也许这更多的是形容爱情，但是用来形容友情也未尝不可。友爱也是这世间最珍贵的爱。在日常生活中，就算最要好的朋友也会有摩擦，我们也许会因这些摩擦而分开，但每当夜阑人静时，我们望向星空，总会想起过去的美好回忆。

不知为何，一些琐碎的回忆，却为我寂寞的心灵带来无限的震撼！就是这感觉，令我更明白朋友对我的重要，这就是爱的默契吧，希望每个人都能更珍惜你的朋友。

真正的朋友

有个男孩 18 岁了，家里很有钱，整天在外面和他的朋友们吃喝玩乐，寻衅滋事。

有一天他的父亲问他："你有多少朋友？"

男孩回答："我有好多！"

父亲说："那你照我说的去做，先在你的白衬衫上洒点鸡血，然后去找你的朋友说你因欠钱被追杀了，看看他们的反应。"

男孩照父亲的话做了，去找他认为最要好的朋友，找到第一个朋友。

朋友 1 说："你这是怎么了，一身血？""兄弟，我被追杀了，借点钱给我，让我到外面躲一躲行吗？"朋友 1 回答说："最近家里的手头实在是有点紧没钱，要不你去找别人问问。"

男孩失望地离开了，去找他认为第二个最好的朋友。

朋友 2 透过门说："谁啊？""是我。"朋友 2 依然没有开门："什么事啊？""兄弟，我被人追杀，借点钱给我，让我到外面躲一躲行吗？"然后朋友 2 和第一个朋友说的一样的话。男孩很是恼火，这个竟然连门都不开地拒绝了。

后来他找遍了所有的朋友都被拒绝了。

他沮丧地回到了家，向父亲说明了一切。

父亲说："你去找我的一个半的朋友，先去找我这半个朋友吧。"男孩很快就来到了父亲所说的半个朋友家。

敲门后，父亲的半个朋友开门见到他慌忙说："孩子，你这是怎么了？"

男孩说："叔叔，我被人追杀！"

还没等男孩说借钱，这"半个"朋友给了他一张10万的支票，让他出去避避风头。

男孩当时就抱着这位叔叔哭了起来。

他又去找父亲的所说的另"一个"朋友。

敲门之后，"一个"朋友开门看到他浑身是血，还没等男孩说话，一把拉进屋里。"孩子，你这是怎么了？"

"叔叔，我被追杀了！"

"赶紧把你的衣服脱下来。"

"脱衣服干什么？"

"我儿子和你的年龄差不多，你穿上他的干净衣服，我现在就打电话报警，让警察来处理，把伤害你的绳之以法！"男孩当场就跪在地上痛哭起来。

过了一会，向叔叔解释了事情的原委。

回到家以后，这个男孩哭着跪在父亲说自己是个混蛋，发誓以后不会再交狐朋狗友了。

朋友从来都不是以数量多少来计量的，鲁迅先生说："人生得一知己足矣，斯世当以同怀视之。"达尔文说："名声、荣誉、快乐、财富这些东西，如果同友情相比，它们都是尘土。"真诚的友情是永恒的，"人不可能总是幸运的，在你失意的时候，有人还了解你，就是知己了。"

一个人的天空是狭小的、单调的，友情织成的天空是广阔的、也是灿烂的。友情能给人生活增添情趣，让人更多地洞悉外面的世界。忧伤时,有朋友同担伤痛,会减掉几分;欢乐时,有朋友同共享欢乐,会更加浓郁。友情是人生中一笔无价的财富,所以我们要无比珍惜。

人生如梦,岁月如歌。大千世界,红尘滚滚,一年又一年的风风雨雨,几许微笑,几丝忧伤。随着时间小河的流淌,许多人和事都付之东流去,但有一种人却随着时间的推移,你与他(她)的交往,如陈年酒香,沁人心肺。你与他(她)的友情是世上最珍贵的情感,这种友情是一种最纯洁、最高尚、最朴素、最平凡的感情,也是最浪漫、最动人、最坚实、最永恒的情感。不论在生活中还是网络里,人人都会有朋友,如果没有朋友情,生活就不会有悦耳的和音,就如死水一滩;友情无处不在,它伴随你左右,萦绕在你身边,和你共度一生。

第五节　弗洛伊德
——懂得别人的心

西格蒙德·弗洛伊德(1856 年 5 月 6 日—1939 年 9 月 23 日)是一名犹太人,奥地利医生兼心理学家、精神分析学派的创始人,提出潜意识论,主张人格结构的三层次本我、自我、超我。他认为被压抑的欲望绝大部分是属于性的,性的扰乱是精神病的根本原因。他著有《性学三论》《梦的解析》《图腾与禁忌》《日常生活的心理病理学》《精神分析引论》《精神分析引论新编》等。

贵在知心

奥地利心理学家弗洛伊德,一天在花园里欣赏风景,一个慕名从远方赶来的年轻人看到了他,问了他一个问题:"先生,怎么样才能和朋友更好的相处呢？我总是处理不好朋友和同事之间的关系。"听了年轻人的话，弗洛伊德微微一笑，指着公园里大门上的锁说："你能打开它吗？"年轻人顺着方向看到一把坚实的大锁挂在大门上，于是找了一根铁杆，费了九牛二虎之力但还是无法将它撬开。年轻人回头看着弗洛伊德。弗洛伊德找公园管理人员借了钥匙，拿着钥匙对着锁只轻轻一转，锁就"啪"的一声打开了。

弗洛伊德看着年轻人，微笑着告诉他："每个人的心，都像上了锁的大门，任你再粗的铁棒也撬不开。唯有关怀，才能把自己变成一只细腻的钥匙，进入别人的心中。了解别人，体贴别人，这样也就能更好地处理朋友之间的关系了。"

中国有句古话说："人之相知，贵在知心。"心灵是一个人最为纯洁的地方，两个最为纯洁的物体相交，映射出来的景色则更为纯净。只有相互懂得对方心的朋友才会长久，才是真的朋友，这样的友谊才能经得起岁月的冲刷，不但不会变色还会历久弥新。著名的英国哲学家约翰·洛克也说："建立和巩固友谊的最好的方法，莫过于互相信赖地闲谈心事与家常。"

真正的友谊总是预见对方的需要，而不是宣布自己需要什么，所谓"知我者谓我心忧，不知我者谓我何求"。和朋友相交，一定要真心，一定要用心，懂得对方心里所幸福和高兴的事情，理解对方心里所忧愁的事情。

人生旅途往往险峻崎岖，布满荆棘，不幸和灾难随时都可能发生在每个人的身上，人为了生存和发展不得不与之斗争。在这斗争过程中，我们需要知心的朋友，需要一个懂得我们忧愁和欢乐的朋友，这样的朋友能给我们以生的动力和生之信心。

亲爱的朋友们，当我们在苦恼为什么没有知心的朋友的时候，苦恼朋友不懂自己想法的时候，请问一下自己真心对待朋友了吗？只有做一个真心懂得别人心的人，才会拥有真正的朋友和友谊。

与人方便，自己方便

一年冬天，年轻的梭罗随着一群同伴来到美国南加州一个名叫沃尔逊的小镇，在那里，他认识了善良的镇长杰克逊。就是这位镇长，对梭罗后来的成功影响巨大。

那天，天下着小雨，镇长门前花圃旁边的小路成了一片泥淖，行人从花圃里穿过，弄得花圃一片狼藉。梭罗不禁替镇长惋惜，于是，不顾寒雨淋身，独自站在雨中看护花圃，让行人从泥淖中穿行。这时，出去半天的镇长满面微笑地从外面挑回一担煤渣，从容地把它铺在泥淖里。结果，再也没有人从花圃里穿行了。镇长意味深长地对梭罗说："你看，给人方便，就是给自己方便。我们这样做有什么不好呢？"

梭罗在经历潜心治学下成为美国著名的哲学家。后来梭罗在回答别人对成功的感慨的时候回答道："给人方便就是给自己方便。那些急功近利的人如果知道，关照别人需要的只是一点点的理解与大度，却能赢来意想不到的收获，那他一定后悔不已。给人方便，是一种最有力量的方式，也是一条最好的路。"

美丽的花圃赏心悦目，在阴雨天的时候，如果花圃旁边有路可以走，人们就不会走在花圃里去毁坏那美丽的花朵了。人生就如在花圃，当我们给别人方便的时候，就是在花圃的旁边修了一条可以通过的小路，而丝毫不损我们的美丽。人们常说"多个朋友多条路"，的确，当我们真心地去对待朋友，我们就给自己修了一条走向光明的路。

富勒说："人类始终把一条黄金法则当成行为的准则。这项法则是'种什么因，收什么果。'"这和中国老话中所说的"种瓜得瓜，种豆得豆"一样，我们在人生中，所得到的收获源于我们当初所种下的种子。

真诚地善待别人，对自己也会有所帮助；相反，如果处心积虑地去伤害别人，自己也会得到良知的惩罚。

"近朱者赤，近墨者黑"，人就像一块磁铁，总是在吸引和自己思想相似的人，不真诚地去对待别人，你也不会得到真诚对待自己的朋友。

大海之所以宽阔无边，那是因为有了许多小溪流和江河水的汇入。每一条小的河流，看着不起眼，但它也是汇聚成大海的一股力量，正是因为有了这些不起眼的小河流，才会成就那宽阔无边的大海。这正如人生，当我们善待每一个朋友，在自己力所能及的时候给朋友以帮助和关怀，在这些不经意的帮助中，给自己创造出了一条条小河流，有一天你会发现，正是这些不经意的帮助和关怀，使我们的人生成为了宽阔无边的大海。

第六节　海伦·凯勒
——爱的价值

海伦·凯勒（1880年6月27日—1968年6月1日），19世纪美国作家、教育家、慈善家、社会活动家。她十九个月时因一次高烧而导致双目失明，双耳失聪，使她几乎一生生活在无声、无光的世界中。即便如此她仍然完成了一系列著作，并致力于为残疾人造福，建立慈善机构，被美国《时代周刊》评为"二十世纪美国十大英雄偶像"，荣获"总统自由勋章"等奖项。主要著作有《假如给我三天光明》《我的生活》《再塑生命的人》等。

爱具有伟大的力量

海伦·凯勒从小双目失明，又聋又哑，她只能靠用手触摸、用嘴尝味、用鼻嗅闻，来熟悉周围黑暗沉寂的世界，看起来那局限之大，简直令人无可奈何：你怎么去教一个听不见的人？她不会说话；你怎么知道她需要什么？她既看不见又听不见；她到底是怎样知道你在哪儿的？由于连诅咒和抱怨都不可能，她只好通过身体的剧烈晃动对父母和周围的人发脾气，来说明她心灰意冷的心境。看来她命中注定要在与世隔绝的无声世界里绝望地度过一生。

可是，一个卓越非凡的年轻女子闯进了她的生活，此人可以看作是生活中的强人，她就是安妮·沙利文。

海伦·凯勒的父母雇用了她，让她来排除女儿的孤独、抚平她的怒气，因为这一切已让他们心灰意冷、垂头丧气。安妮·沙利文完全意识到自己的困难，也意识到自己的任务几乎毫无希望可言，可是她仍暗下决心去教这个孩子，让这个孩子同自己无法"到达"的世界进行交流——因为她心中充满爱。她相信爱的力量是伟大的，爱可以让糟糕的事情变得美好起来。虽然困难重重，但她仍然相信爱的力量可以改变这一切，她拒绝失败。

突然有一天，当太多的失望令人灰心丧气，而希望好像永远不会降临时，海伦发出了一声表示理解的声音，这一切都出乎人们的意料，她在做出第一个反应后，她的笑容就像蓓蕾一样绽放了。

海伦·凯勒的潜能被心中的另一个信仰所挖掘而开发，她进展缓慢、饱受痛苦，有时停滞不前，但在安妮老师的精心照顾和指导下，她继续努力，终于成为受人尊敬的作家、演说家和坚毅勇敢的光辉榜样。

她本可以轻易地成为被安慰者，可是因为爱使她做出了不同的选择，她要战胜自己的缺陷而不向它让步、屈服。

海伦·凯勒的故事带有传奇色彩，它震颤着人的心灵。故事中包含

着人性中最美好的品格和对生活的渴望、生命力的顽强，使我们看到了什么是将不可能变为可能，什么是创造奇迹，什么是平凡中孕育伟大。爱是最伟大的力量，它是人类得以发展至今精神上的最大寄托，是一切力量和信念的源泉。

有爱就有了一切

许多年前，苏格兰有个手艺高超的老木匠，他的手下有两个学徒。高个学徒眼力好，脑子灵活，动手能力强；矮个学徒很勤奋，只是做事时显得有些拖泥带水。

有一次，刨木板时，矮个学徒的动作又慢又轻，师傅忍不住提醒他："你在想什么？注意力要集中啊。"他说他担心碰到身边的小狗。高个学徒讥笑他："你做事怎么像个女人？婆婆妈妈的。"矮个学徒说："如果狗不在我身边，我也会干得很快，可是它在我身边那么快乐，我不忍心赶走它。"一天，老木匠对两个学徒说："你们已经学到了足以养家糊口的手艺，按照老规矩，我掌握的最精湛的手艺只能传给一个人，我要一碗水端平，选出最合适的接班人。"

老木匠让两个学徒到山上砍木材，然后做一个板凳——谁做出来的成品好，谁就是获胜者。第二天，两个学徒上山了。高个学徒选了一棵又高又粗的杨树，矮个学徒则选了一棵又矮又细的杨树。日上三竿，他们把砍好的杨树运到家里，开始动手做家具。做家具最重要的是选好木材。高个学徒砍的树又粗又壮，材质好，加上他干活很快，第一时间就把木凳做好了。矮个学徒选的木材不那么优良，做活也慢。不用说，两个学徒谁优谁劣，胜负立判。

老木匠问矮个学徒："你做的凳子品相不好，而且费时较多。我不明白，树林里那么多又高又粗的树，你为何挑了一棵不入眼的？"

矮个学徒说："我发现，那些又高又粗的树上大多筑有鸟巢，我在树下甚至能听到小鸟的叫声。所以，我就选了一棵又细又矮的。"

最后，矮个学徒被选为接班人。老木匠认为，一个没有爱心的生意人是很难成大事的，相比之下，矮个学徒更胜一筹。

多年后，矮个学徒成立了自己的家具公司。当别的公司在压低工人工资、以次充好扩大生产规模时，他的公司却脚踏实地，以最优的品质、最合理的价格为优势占领着市场。每逢重大节日，他还会免费赠送一些家具给那些生活贫困的人。很快，矮个学徒的公司成为家具行业的龙头老大。他就是苏格兰家具大亨诺尔斯，一个心中充满爱的成功商人。

一个人无论做什么事，在什么情况下都要有一颗博爱之心，正如冰心所说："有了爱就有了一切。"的确是这样，在人的一生中，只要你拥有了"爱"，不管是"给予"还是"接受"，都是一种心灵的享受。

人要有博爱之心，热爱世间的万事万物。在我们生存的这个世界上，如果要问什么是真正具有价值的东西，可以毫无疑义地说，就是人心中蕴藏着的爱了。用爱去面对自然，用心去面对世界，那简直太美妙了。

人生的快乐和幸福是无价之宝，不在于财富的多少，而在于心灵的诚实、智慧是否丰硕。"爱"是一个温暖的字眼，有了爱，就有了快乐、幸福，就有了精神上最宝贵的财富，就有了生命中的一切。

第 6 章

磨砺人生：苦难是最好的大学

什么是苦难呢？苦难是一种巨大的痛苦，它撼动着人的思想深处和内心世界.苦难并非都是消极不利的因素，有时候苦难能深化一个人对生命意义的认识，促人奋发，磨炼意志。人们从苦难中学到的会比在顺境中学到的还多，苦难是最好的大学。真正热爱生命充满激情的人，不是他面临的苦难越来越少，而是他承受苦难的能力越来越强。

第一节　费尔巴哈
——痛苦更能激发人

路德维希·安德列斯·费尔巴哈（1804 年 7 月 28 日—1872 年 9 月 13 日），德国哲学家。费尔巴哈对基督教的批判在社会上产生了很大影响，他的某些观点在德国教会和政府的斗争中被一些极端主义者接受。费尔巴哈早年在黑森州的海德堡学习神学，受到他当时教授的影响，对黑格尔的哲学感兴趣，师从黑格尔，两年后，他成为"青年黑格尔学派"的成员。他的主要著作有《黑格尔哲学的批判》和《基督教的本质》等。

痛苦是成功的催化剂

德国著名哲学家费尔巴哈一生中经历无数潮起潮落而仍能在哲学界屹立不倒，靠的不仅仅只是渊博的学识，更是一个良好的心态。

费尔巴哈年轻时曾遭受过不少严重的打击，在他成名后，曾有人问他，为什么他会在那么些严重的打击下毅然奋起，靠的究竟是什么？费尔巴哈微笑着回答说："生命诞生，就意味着痛苦的伴生。小时候痛苦着要长大，长大了痛苦着走向成熟，成熟后又痛苦着年轻的拼搏无惧，而老年人则痛苦着倾向于童年，常做出儿童的举动。生命的欲望，产生痛苦。小欲望产生小痛苦，大欲望产生大痛苦，欲望不止则痛苦不止。而人是有欲望的动物，没有欲望则人不成其为人，因此人是充满痛苦的，没有痛苦的人也就不成其为人。少小离家是痛苦，情场失意是痛苦，功名无望是痛苦，买卖不利是痛苦，知己难遇是痛苦，老来丧子更痛苦。"那人忍不住又问他："既然人活着这么痛苦，那我们生存还有意义吗？"

"但是人生虽然充满痛苦，却并不悲观。正是因为有了这受之不尽的痛苦，人的精神才最大范围的得以扩张。痛苦磨炼人的意志，痛苦解放人的心灵，痛苦激发人的生机，痛苦增强人的生命力。而人正是在痛苦以及征服痛苦的战斗中，才最高限度地享受了生命。人的生命力取决于人所承受的痛苦的分量，生命力旺盛的人正是在大痛苦来袭时显得格外的振作和欢快。英雄气概就是敢于面对最高痛苦和最高希望。热爱生命的人会比别人感受到更多的痛苦，同时也感受到了更多的生命之欢歌。因此尼采说：'与痛苦对抗是最有趣的事情，人活一世，谁也不愿白走一遭。因此基于体悟生命之意义，实现生命之价值，人活着是痛苦好！'"

可见，痛苦真的能够激发人，正是因为对痛苦的另类认知，并且积极地面对的承受痛苦，才使得费尔巴哈取得了令人瞩目的成就。
一位工作了的人讲述他的一次亲身经历：

一大早，王先生跳上一部出租车，要去深圳郊区一企业做培训。因正好是上班高峰时刻，没多久车子就卡在车阵中，此时前座的司机先生开始不耐烦地叹起气来。王先生随口和他聊了起来："最近生意好吗？"他的脸阴了下来，声音冷冷的："有什么好？到处都不景气，你想出租车生意会好吗？每天十几个小时，也赚不到什么钱，真是气人！"

显然这不是个好话题，换个主题好了，王先生想。于是王先生说："不过还好你的车很大很宽敞，即便是塞车，也让人觉得很舒服……"他打断了王先生的话，声音激动了起来："舒服个鬼！不信你来每天坐 12 个小时看看，看你还会不会觉得舒服？"接着他的话匣子开了，抱怨政府无能、车价还要下调，社会不公，所以人民无望。王先生只能安静地听，一点儿插嘴的机会也没有。

第二天同一时间，王先生再一次跳上了出租车，去郊区同一家企业做培训，然而这一次，却有了迥然不同的经历。一上车，一张笑容可掬的脸庞转了过来，伴随的是轻快愉悦的声音："你好，请问要去哪里？"真是难得的亲切，王先生心中有些讶异，随即告诉了他目的地。他笑了笑："好，没问题！"然而没走多远，车子又在车阵中动弹不得了。前座的司机先生手握方向盘，开始轻松地吹起口哨哼起歌来，显然今天心情不错。于是王先生说："看来你今天心情很好嘛！"

他笑得露出了牙齿："我每天都是这样啊，每天心情都很好。"

"为什么呢？"王先生问："大家不都说不景气，工作时间长，收入都不理想吗？"司机先生说："没错，我也有家有小孩要养，所以开车时间也跟着拉长为 12 个小时。不过，日子还是很开心过的，我有个秘密……"他停顿了一下："说出来先生你别笑我，好吗？"

他说："我总是换个角度来想事情。例如，我觉得出来开车，其实是客人付钱请我出来玩。像今天一早，我就碰到你，花钱请我跟你到郊外玩，这不是很好吗？等到了郊外，你去办你的事，我就正好可以顺道赏赏郊外的景色，抽根烟再走啦！"他继续说："像前几天我载一对情侣去东湖水库看夕阳，他们下车后，我也下来喝了碗鱼丸汤，挤在他们旁边看了看夕阳才走——反正来都来了嘛，更何况还有人付钱呢？"

故事里的两个司机做着相同的职业，却怀着不同的心态。同样是在这个"痛苦"的行业中苦苦挣扎、挣钱养家的两个人，一个总是抱怨，一个坦然接受之后却能开心地面对。其实很多时候，只要你把心态放正，痛苦困境更能激发人的斗志。

历经磨难方达圣境

贝多芬是德国最伟大的音乐家之一，出身于德国波恩的平民家庭他很早就显露了音乐上的才能，8 岁时开始登台演出。贝多芬信仰民主，崇尚英雄，创作了大量充满时代气息的优秀作品，如：交响曲《英雄》《命运》；序曲《哀格蒙特》；钢琴奏鸣曲《悲怆》《月光》《暴风雨》《热情》等等。

贝多芬一生孤苦，没有建立家庭。26 岁时开始耳聋，晚年全聋，但孤寂的生活并没有使他沉默和隐退，在一切进步思想都遭到禁止的年代里，他依然坚守"自由、平等"的政治信念，通过言论和作品为共和理想奋臂呐喊，写下不朽名作《第九交响曲》。他的作品受 18 世纪启蒙运动和德国狂飙突进运动的影响，个性鲜明，较前人有了很大的发展。

在音乐表现上，他几乎涉及当时所有的音乐体裁，大大提高了钢琴的表现力，使之获得交响性的戏剧效果，又使交响曲成为直接反映社会变革的重要音乐形式。贝多芬集古典音乐的大成，同时开辟了浪漫时期音乐的道路，对世界音乐的发展有着举足轻重的作用，被尊称为"乐圣"。

贝多芬用他对艺术狂热的激情把内心中的东西一一诠释出来。他把苦难当成是礼物，听不见有什么关系，只要胸腔中的那颗心还在跳动着，一切困难都可迎刃而解。

在贝多芬的音乐中，他所表现出的那种绝望的悲哀，那种忧伤的痛苦都夹杂着更强劲有力、自由的欢乐，那么地鼓舞人心。他用听不见音乐的耳朵，创造出生命的乐章，享受着别样的幸福。命运给予他的一切磨难，都不能使贝多芬屈服，他紧紧扼住命运的咽喉，改变命运，改变人生。

对于不屈不挠的人来说，没有失败：失败困苦，是踏往成功的基石。不经历风雨，怎见彩虹？这些浅显而深刻的道理，已被不断提起，珍惜当下，不要再说如果还有明天，如果还能再来一次，时间在不断流逝，不可重来的不只有生命，还有你错失的机会。

青少年朋友们，当你们沮丧灰心的时候，听听贝多芬的音乐吧，用他强劲有力的音符和历经磨难的经历来顽强自己的意志吧。

第二节　华盛顿
——选择艰苦的生活

乔治·华盛顿（1732 年 2 月 22 日—1799 年 12 月 14 日），是 1775 年至 1783 年美国独立战争时大陆军的总司令，1789 年成为美国第一任总统（其同时也成为全世界第一位以"总统"为称号的国家元首），在接连两次选举中都获得了全体选举团无异议支持，担任总统直到 1797 年。

由于他在美国独立战争和建国中扮演了最重要的角色，华盛顿通常被称为"美国国父"。学者们则将他和亚伯拉罕·林肯、富兰克林·罗斯福、伍德罗·威尔逊并列为美国历史上最伟大的总统。"美国在线"于 2005 年举办的票选活动"最伟大的美国人"中，华盛顿被选为"美国最伟大的人物"第四位。

有勇气过艰苦的生活

乔治·华盛顿享有"美国国父"之称。1775 年 7 月在马萨诸塞州坎布里奇的司令部，华盛顿接受了统领全军抗击英国殖民者的任务。1789 年，在美国建国后的第一次大选中他以全票当选为美国总统，之后又于 1793—1797 年连任，但他拒绝再次连任，这就形成了美国总统任期一般不超过两届的惯例。

华盛顿在很小的时候就有了大人般的成熟。16 岁时，他本可以过悠闲舒适的生活，可是他却选择了面对艰苦。他主动要求参加勘探队到弗吉尼亚的大河谷去进行勘探。他认为这对自己是一次很好的锻炼机会。白天，他和探险队员们顶着烈日，在河谷、土坡、丛林里穿行测量；晚上，只能在荒野里燃起篝火，裹着爬满臭虫的破毯子露宿。有时整天冒雨在泥泞的道路上行进；有时睡得正香，帐篷却被大风刮翻了。

艰苦的生活锻炼了他，19 岁时华盛顿就当上了少校级的副官长。他潜心阅读军事著作，虚心学习武器的使用和战术的运筹。一次，在反抗英国殖民军队的战斗中，刚开始华盛顿的军队处于劣势，伤亡很大。他的军衣被打穿四个洞，两匹马也先后被杀，他所在省份资源匮乏，军官开不出支，可这些他全然不顾，志愿参战，既没有薪饷，还要自己负担一大笔开支。他就是乐意干这种既破财还可能丧命的苦差事。最后他的队伍终于打败了敌人，而他本人也赢得人们的爱戴，使他在后来能被推举为抵抗英军的独立战争的总司令，成为改变美国历史的一个重要人物。

我们平时所仰视的一些近乎神的伟人，其实也曾是个平常的人。只是，但凡那些取得成功的伟人，都具备一种不怕吃苦的精神，因为愈是在艰苦的环境中，愈能更好地磨炼一个人的意志。

"吃得苦中苦，方为人上人。"生活中总会遇到困难，只有我们努力拼搏，艰苦奋斗，不断地克服它，才能使我们逐渐变得成熟，更好地在社会中生活。而那些懦弱胆小，一遇到困难就退缩的人，是不可能取得什么成就的，更不用说成为伟人了。

要培养这种不怕吃苦的精神需要我们自己坚定信仰。其实只要在生活中多多督促自己，我们每个人都可以拥有取得成就的潜质；做任何事情都不要怕困难，把吃苦看淡一些，我们就会发现自己身上潜藏着无限能力。我们很少发掘自己隐藏的能力，而痛苦就像一种催化剂，它能使我们真正发掘自己的能力，然后取得意想不到的收获。

卧薪尝胆

春秋时期，吴王阖闾带兵进攻越国，在战斗中被越国大将砍中右脚，伤重不治而死。他的儿子夫差继承了他的王位。三年后，夫差为报父仇，带兵攻打越国，一举攻下越国的都城会稽，迫使越王勾践投降。夫差把勾践夫妇押解到吴国，关在阖闾墓旁的石屋里，让他们为他的父亲看墓和养马。

勾践忍受了许多折磨和屈辱，最后被吴王夫差释放回国。他一心想要报仇雪恨，带头日夜苦干，重新积聚力量。为了激励自己，他在日常生活里特别定了两条措施。一是"卧薪"，晚上睡觉时不用垫褥，就躺在柴铺上，提醒自己，国耻未报，不能贪图舒服；二是"尝胆"，在起居的地方挂着一个苦胆，出入和睡觉前，都拿到嘴里尝一尝，提醒自己不能忘记会稽被俘的痛苦和耻辱。

勾践不仅"卧薪尝胆"，还常常扛着锄头、掌着犁，下田劳动，他的妻子也亲自织布，在吃穿上都很朴素，和百姓同甘共苦。经过长期艰苦奋斗，全国百姓上下一心，越国终于利用时机起兵灭了吴国。

勾践卧薪尝胆的故事告诉我们：战胜挫折，需要坚韧的意志。

我们每个人都会在生命中遇到挫折，挫折会让我们感到无助、自卑和迷茫。战胜挫折需要坚强的毅力和不服输的坚韧。只有坚韧能让我们体会到战胜挫折的快乐，而战胜挫折的过程就是保持坚韧的过程，面对挫折而不退缩、保持拥有坚韧品质的人，可以面对来自任何方面的挫折的压力而不畏缩。你可以把挫折看作是座高山，只有坚韧的毅力才能让你登上这座高山，并轻易地翻过它。

坚韧需要坚持到底，任何意志力的产生都需要在积累中蓬勃发展。在不利的环境中，坚韧需要磨炼，因此有人选择艰苦的生活。身处逆境可能是一种不幸，但却可以充分锻炼我们的坚韧不拔的品质。只有拥有坚韧的性格，才能摆脱逆境的限制，得到解脱。

第三节　高尔基
——苦难是最好的大学

玛克西姆·高尔基（1868 年 3 月 28 日—1936 年 6 月 18 日）原名阿列克谢·马克西莫维奇·彼什科夫。高尔基是他的笔名（"高尔基"在俄语中是"苦难、痛苦"的意思）。高尔基是无产阶级艺术最伟大的代表者、社会主义现实主义文学奠基人、无产阶级革命文学导师、政治活动家、诗人、苏联文学的创始人之一。主要著名作品有：小说《母亲》《童年》《在人间》《我的大学》；散文《海燕》。

高尔基的父亲在他 3 岁时去世，高尔基后随母亲寄居外祖父家，11 岁开始走向"人间"，曾当过学徒、搬运工、面包工人等。19 世纪 80 年代他在喀山参加持民粹派观点的知识分子秘密学习小组，1883 年，他开始过流浪生活。

高尔基从小就有读书的强烈愿望，他在学校时，成绩很好，获得过最优秀奖，然而贫穷使他只上了两年学。为了养家糊口，他四处奔波，干过各种的工作。但他始终没忘记过读书，他常常冒着危险找书看，为了躲避老板的惩罚，他常常利用深夜看书。他用罐头做了个油灯，收集主人烛盘里的残油，躲在贮藏室、板棚等处苦读。实在找不到油灯，他就在月光下看书。在极端艰难困苦的环境里，高尔基发奋自学，提高了文化水平，为他进行文学创作打下了坚实的基础。

苦难是最好的学校

著名文学家高尔基的童年几乎是跟苦难连在一起的：他3岁那年父亲病逝，10岁那年母亲又永远地离开了他，紧接着外祖父的染坊又面临破产，不幸接二连三地降临到他的身上。后来高尔基只好辍学进了家鞋厂当学徒，双肩压负了不该属于他的重担。他虽然勤勤恳恳地干活，但还是吃不饱，干活慢一点还遭老板的打骂。高尔基实在忍无可忍，于是就到一条船上当洗碗工，因忍受不了老板娘的打骂，又到一家面包房里当学徒，还当过码头工人，饱尝了人间的凄苦。

苦难的生活也让他懂得了人要生存就要自立自强，也懂得了外婆的告诫："在没长大时，要忍耐。"忍耐不是消极地忍受，而是积蓄知识，他相信知识可以改变命运。

童年的高尔基在外婆的影响下，对书籍产生了浓厚的兴趣，书籍成了他忠实的朋友及生活中的伙伴，他边做工边借书读。一次，高尔基在烧茶炉时捧着一本书看，被书中的情节迷住了，结果因烧坏了茶炉而被老板狠狠地打了一顿。

尽管困难重重，但他仍然坚持读书，为了能在夜晚多读些书，高尔基把蜡台里的蜡油刮下来自制成小蜡烛。每借到新书，他都如饥似渴地阅读。这正如他后来所说："书籍一面启示着我的智慧和心灵，一面帮助我在一片烂泥塘里站了起来，如果不是书籍，我恐怕会沉没在这片烂泥塘里，就会被愚蠢和下流淹死。"他还说："我身上一切优秀的品质都归功于读书。"可见，读书的确有改变人生的力量。

　　高尔基从 20 岁开始用 3 年时间走遍了大半个俄国，进行社会考察，研读社会这部大书，搜集创作素材，然后开始了艰难的创作生涯。开始，他发表作品的机会并不多，但他有恒心、有毅力，终于走进了文学的大门，创作一发而不可收，他的《母亲》《童年》《我的大学》等作品先后问世，确定了他在苏联文学乃至世界文学中的地位。

　　可以说，高尔基是在社会这所大学里成长起来的一位文学大师，是自学成才的典范。

　　并不是所有人的生活都是一帆风顺的，在现实生活中，有相当一部分人都曾经或者正在经历着苦难。在苦难面前，我们应该像高尔基一样，昂起头，奋勇向前。

　　什么是苦难呢？苦难仿佛一阵狂暴的龙卷风，它撼动了人的思想深处和内心世界。我们要敢于直面苦难，因为苦难能深化一个人对生命意义的认识，促人奋发，磨炼意志。真正热爱生命充满激情的人，不是他面临的苦难越来越少，而是他要承受苦难的能力越来越强。

　　克劳塞维茨说过："坚强反映意志对猛烈打击的抵抗力，顽强则是指意志对持续打击的抵抗力。"一个经历苦难而仍然热爱人生、顽强不屈的人，一定拥有更多从痛苦中提炼的宝贵经验。

挫折孕育着辉煌

　　纪雷是法国著名的画家，有一次他参加朋友举办的宴会，宴会上有个身材矮小的人走到他面前，向他深深一鞠躬。

　　"您能否收我做您的徒弟，教我画画呢？"那个人诚恳地说道。纪雷朝那人看了一眼，十分惊讶，原来他发现那人是个缺了两只手臂的残疾人。没有双手怎么可以从事绘画呢？纪雷婉转地拒绝了他，并说："我想你画画恐怕不太方便吧？"

可是那个人并不在意，立刻说："不，我虽然没有手，但是还有两只脚。"说着，便请主人拿来纸和笔，坐在地上，就用脚趾头夹着笔画了起来。他虽然是用脚画画，但是画得很好，足见是下过一番苦功的。

在场的客人，都被他的精神所感动。纪雷看到这场景更是被深深地震撼了，于是他当场便收下那个没有双臂的人为徒弟。

这个矮个子自从拜纪雷为师之后，更加用心学习，没几年的工夫便名扬天下。他就是众所周知的无臂画家——杜兹纳。

没有手竟然能成为画家，乍听起来很不可思议。这个故事告诉我们，只要有排除万难的毅力和恒心，你就能创造奇迹，做到别人做不到的事情。

天无绝人之路，我们在生活中遇到了难题，无论有多么困难，都会有办法去化解的。人生很少总是一帆风顺的，人生免不了遭受着各种各样的厄运，种种挫折都会不期而遇，但是我们也没有必要灰心、沉沦。直面人生的挫折和压力吧，因为它会让我们变得更加坚强，内心更富有。其实挫折中孕育着辉煌，关键在于我们要有追求成功的努力并积极行动。

第四节　奥古斯丁
——从苦难中感受甜蜜

奥古斯丁，罗马帝国时期天主教思想家，基督教早期神学家、教父哲学的重要代表人物。在罗马天主教系统，他被封为"圣人"和"圣师"，是奥斯定会的发起人。对于新教教会，特别是加尔文主义，他的理论是宗教改革的救赎和恩典思想的源头。

奥古斯丁是圣孟尼迦的幼子，出生于北非，在罗马受教育，在米兰接受洗礼。著有《忏悔录》《论三位一体》《上帝之城》《论自由意志》《论美与适合》等。美学思想主要体现在他的神学著作和《忏悔录》中。

学会享受苦难

古罗马帝国时期的教父哲学的代表人物奥古斯丁有一群弟子，他们要出去朝圣。在弟子们出发之前，奥古斯丁拿出一个苦瓜，对弟子们说："随身带着这个苦瓜，记得把它浸泡在每一条你们经过的圣河，并且把它带进你们所朝拜的圣殿，放在圣桌上供养，并朝拜它。"

弟子们朝圣走过许多圣河圣殿，并依照师父的教言去做。回来以后，他们把苦瓜交给奥古斯丁，奥古斯丁叫他们把苦瓜煮熟，当作晚餐。晚餐的时候，奥古斯丁吃了一口，然后语重心长地说："泡过这么多圣水，进过这么多圣殿，这苦瓜竟然没有变甜，不过多吃几口，好像就没有第一口那么苦了。"

弟子们听了，有几位立刻开悟了：苦瓜的本质是苦的，不会因圣水、圣殿而改变；煮熟了这苦瓜，吃它的时候第一口苦，以后的就不会那么苦了！

我们对待生命与事业也是这样的，时时准备受苦，等苦过了之后，我们才会更加地感动生命的可贵和事业的甜蜜，这才是有智者的态度。

我们登山的时候，刚开始没有感到有多困难，到了半山腰的时候就会感到越来越疲惫，等到快到山顶的时候往往会精疲力竭，这时我们身边的人往往会鼓励我们山顶就在前面，到了山顶就会好了。当我们拖着疲惫的双腿，忍着脚上的疼痛，一步步到达山顶的时候，遥望远方，看着那壮丽的景色，忘记了登山所带来的痛苦和劳累，剩下的只有山顶遥望所带来的激动和豪情。如果我们半路受不了那份劳累而选择放弃，我们只会感到登山的苦涩，而不会有到达山顶之后的幸福和成就感。

是啊，登山是辛苦的，正如吃苦瓜一样，进行的时候是苦涩的，但结束之后给我们带来的却往往是甜蜜的感觉，这就是所谓的"苦尽甘来"。在经受磨难的时候我们知道磨难是苦涩的，但我们也知道经历磨难后带来的甜蜜感，正如不经历狂风不会感觉到平时的平静多么可贵。

其实人生的过程就是吃苦的过程，在面对各种苦难的时候，也许不能坚持到底的原因不是因为没有帮助，不是因为没有解决苦难的智慧，而是把苦难看得太清楚、考虑得太详尽，才会被困难吓倒，弄得自己举步维艰。如果我们能在经历苦难的时候，记得我们的梦想，坚持下来，就一定会苦尽甘来。

苦难影响心态，面对苦难，不要忘记我们的梦想和目标，时刻想着到达山顶之后的壮观景色和心中的成就感，不断经历苦难的磨砺，才能到达人生的更高境界。不愿接受磨砺的人，只会感到生活的苦涩，而不会拥有历经苦涩之后的甜蜜。面对险境，面对苦难，不停止追逐的人，才会把险境和苦难踩在脚下，然后越过这些苦，尝到最终的甜。

做创造奇迹的强者

霍金用顽强的意志诠释出什么是真正的强者。

斯蒂芬·霍金教授是当代享有盛誉的伟人之一，被称为"在世的最伟大的科学家""当今的爱因斯坦"。他在统一 20 世纪物理学的两大基础理论——爱因斯坦的相对论和普朗克的量子论方面走出了重要的一步。

提起霍金，可以说是无人不晓，他是一个绝顶智慧大脑，一个神话，一个当代最杰出的理论物理学家，一个科学名义下的巨人……或者，说得平凡一点，他只是一个坐着轮椅，挑战命运的勇士。

　　他是生存意志最坚强的人，他能忍受常人无法忍受的苦难，只要有一线生存的余地，他决不会放弃。在别人认为他已经失去了一切生存条件的情况下，他不仅仍然活着，而且创造出人生的奇迹。这些人在遭遇灾难厄运和死神时，他们的拼搏精神往往能战胜灾难厄运、击退死神、延长生命。

　　有时即使生理无法进入健康期，也要首先使心理进入到健康期。这种心理的先导作用，就像生命派出的尖刀班奇袭到了死神阵地的指挥部，出其不意地扼住死神的咽喉，逼退死神，延长生命，甚至创造出人生的辉煌成就。霍金就是这样的人。

　　霍金17岁时考取了著名的牛津大学。21岁时却患上了萎缩性脊髓侧索硬化症，医学专家说他最多只能活两年半。

　　面对这样巨大的不幸，可能许多人只能选择绝望和放弃生命。但霍金却想：最坏的结果也不过是一死罢了，虽然我的生命只有短短两年半，我要力争多做些最有意义的事，让生命留下一点辉煌。

　　他的病情不断地加重，肌肉一天天地萎缩下去，走路越来越不稳。到后来，他终于站立不住，坐上了轮椅。他逐渐失去了活动的能力，10个手指中也只剩下2个手指能活动。他的发音器官也因肌肉萎缩而不能说话了。

　　到后来，他又得了肺炎。治疗时切开了气管，从此他再也不能发声。再后来，人们为他在轮椅上安装了一台电脑和语音合成器。他只能用仅有的两个会动的手指在键盘上选出要说的词，组成相应的句子，用语音合成器发出声音来。

　　但是，他的思维却一直没有停顿。他让助手把资料摊开，放到自己面前的桌子上，一页一页地阅读。虽然他的身体被限制在轮椅上，但他的大脑却在思考着宇宙的一些根本问题：宇宙从何时开始，时间有没有尽头……他推论出黑洞的大爆炸，还建立了一种很美的、科学的宇宙模型。

虽然身体的残疾日益严重，霍金却力图像普通人一样生活，完成自己所能做的任何事情。他甚至是活泼好动的——这听来有点好笑，在他已经完全无法移动之后，他仍然坚持用唯一可以活动的手指驱动着轮椅在前往办公室的路上"横冲直撞"；在莫斯科的饭店中，他建议大家来跳舞，他在大厅里转动轮椅的身影真是一大奇景；当他与查尔斯王子会晤时，旋转自己的轮椅来炫耀，结果轧到了查尔斯王子的脚趾头。

当然，霍金也尝到过"自由"行动的恶果，这位量子引力的大师级人物，多次在微弱的地球引力作用下，跌下轮椅。幸运的是，每一次他都顽强地重新"站"起来。

死神在他的挑战面前，开始一步步退却。两年半过去了，又好几个两年半过去了，直到2018年，他因病去世，享年78岁。不仅如此，他还成了继爱因斯坦之后最伟大的天体物理学家之一。他写的科学著作《时间简史——从大爆炸到黑洞》风行全世界，发行量多达2500万册。

霍金的魅力不仅在于他是一个充满传奇色彩的物理天才，也因为他是一个令人折服的生活强者。他不断求索的科学精神和勇敢顽强的人格力量深深地吸引了每一个知道他的人。

也许对于霍金来说，生活是不公平的，不管境遇如何，只能全力以赴。有一句诗说得很对——"宝剑锋从磨砺出，梅花香自苦寒来"，让我们直视挫折、磨炼，坦然而勇敢地面对，谱写出我们人生的最华丽的篇章。直面挫折，坦然而勇敢，这是对毅力的磨炼，是对心灵的考验。只要青少年朋友拥有锲而不舍的毅力，便没有征服不了的高峰，只要我们拥有坚韧不拔的精神，便没有逾越不了的障碍，只要征服了这些，我们也可以成为创造奇迹的强者。

第五节　达·芬奇
——努力刻苦终将成功

　　列奥纳多·达·芬奇（1452年4月15日—1519年5月2日）是意大利文艺复兴三杰之一（另外两位是米开朗基罗和拉斐尔），也是整个欧洲文艺复兴时期最完美的代表。他是一位思想深邃、学识渊博、多才多艺的画家、天文学家、发明家、建筑工程师。他是一位天才，他一面热心于艺术创作和理论研究，研究如何用线条与立体造型去表现形体的各种问题；另一方面他也研究自然科学，为了真实感人的艺术形象，他广泛地研究与绘画有关的光学、数学、地质学、生物学等多种学科。他的艺术实践和科学探索精神对后代产生了重大而深远的影响。

努力刻苦，成功就会属于你

　　达·芬奇，意大利文艺复兴时期的画家。他出生于意大利佛罗伦萨城附近的小镇，父亲是当地的法律公证员，母亲是农村妇女。

　　达·芬奇从小就很聪明，长得也很眉清目秀，非常惹人喜爱。上小学时，他各门功课的成绩都很优异，算术课上他提出的一些问题，经常使老师感到棘手。课余时间，他的爱好是绘画，他在木板上、地面上、墙壁上居然无师自通地画出了栩栩如生的蛇、蝙蝠、蝴蝶、蚱蜢……父亲见了，非常欢喜。邻居们见他画什么像什么，都亲切地称他为"小画家"。

　　达·芬奇的父亲本来不想让孩子学画，希望他子承父业，当一名律师。但儿子非凡的画艺，把固执的父亲征服了。在他 14 岁那年，父亲把他送到了当时的欧洲艺术中心佛罗伦萨，拜著名的画家、雕塑家和建筑师韦罗基奥为师。

韦罗基奥对学生的要求很严，他的教法也有些特别。达·芬奇来到画室的第一天是学画鸡蛋，第二天是学画鸡蛋，第三天仍是这样。无休止地画呀画呀，枯燥乏味极了，就这样画了一年鸡蛋。像这样的情形任谁都会腻吧，达·芬奇便是如此，心里想："这有什么必要呢？一笔下去画一个圈儿就行了。"韦罗基奥老师仿佛一眼就看穿了他的心思，对他说："别以为画鸡蛋很容易、很简单，你看看，在 1000 只鸡蛋当中从来没有两只蛋的形状完全相同，即使是同一个蛋，只要变换一下角度看它，形状便立即不同了……所以如果要在画布上准确地把它表现出来，非要下一番苦功不可。"

听了老师这番教诲，达·芬奇懂得了老师的苦心，他决心认真地练习基本功。他每天一大早就对着鸡蛋画起来，直到夜深人静了，仍然对着鸡蛋画。经过三年的努力，达·芬奇的技艺大长，他画的鸡蛋各具形态、惟妙惟肖，对色彩的感觉敏锐了，对线条的把握准确了，手中的画笔也能绝对服从自己的意志了。老师看了非常满意。

有一天，韦罗基奥画了一幅《基督受洗图》，他自己很满意，得意之余对达·芬奇说："在这幅画上再画两个天使吧！"达·芬奇高兴地答应了一声，很快就把两个天使画好了，这两个天使体态活泼自然，面部表情生动柔和。老师一看大吃一惊，相比之下，自己画的是多么生硬板滞呀。他在心里承认学生超过了自己，感到既高兴又惭愧，从此竟然搁笔不画，专门从事雕刻了。

达·芬奇结束了学徒生活，开始了独立创作，《最后的晚餐》《蒙娜丽莎》等都是他的不朽名作。他的绘画成就越高，他作画态度就越是严肃。据说达·芬奇在画《最后的晚餐》时，为了把出卖耶稣的叛徒犹大画好，曾到各种场合去潜心观察赌徒、流氓、罪犯的各种形象和举止，最后，他终于找到了让犹大惊惶失措和手里紧握钱袋的表现手法。《最后的晚餐》的巨大成功，是与少年时长达数年的刻苦作画分不开的。

努力刻苦是一个人的优秀品质，也是一个人取得学习和事业成功的基本手段。一个人无论学什么、做什么，如果不刻苦，就一定不会学取得优秀的学习成绩和理想的工作成果。

世界上没有一个有深厚学识或在事业上取得成就的人，不是通过刻苦努力而获得的。刻苦，不是简单一想或空下决心就可以做到的，而是由其对学业或事业的深刻理解，为追求和实现自己的人生理想才会产生的动力。

因此，我们若想取得成功必须要树立崇高的人生理想，并为实现这一远大目标而努力奋斗。认识刻苦的重要性和必要性，认识不刻苦的危害性，查找自己不刻苦的原因，进而克服不知上进的惰性。

在现实生活中，我们可以制订一个符合自己情况、切实可行的学习、工作计划，做到"今日事今日毕"，规定的学习、工作任务一定要及时、认真、保质保量地完成。在完成自己的学习、工作外，还应多读些书刊，要向那些成功人物学习，学习他们的刻苦好学的精神。

刻苦，看起来虽然是一种苦差事，但如果深入进去，将会发现苦中有乐，其乐无穷，为追求其乐，便会自发地产生兴趣和动力；而且，吃得这"苦中苦"，还会得到那"甜中甜"，很值得我们去追求。刻苦，关系我们每个人的一生发展，为了实现我们的理想，为了我们的光辉前程，刻苦努力是值得的。

努力是成功之本

2000 年，山姆·沃尔顿经营的沃尔玛的销售总额甚至超过美国通用汽车公司，仅次于埃克森—美孚石油公司，位居世界第二。2001 年，沃尔顿家族成为世界上最富有的家族。

山姆·沃尔顿是一个努力的人，从 7 岁打第一份零工到老年的勤勉工作，他用行动说明了——努力是成功之本。

山姆·沃尔顿出生在美国俄克拉荷马州的金菲舍镇，是一个土生土长的农村人。从小他的家境就不是很富裕，父亲干过银行职员、农场贷款评估人、保险代理和经纪人，是个讨价还价的好手，而且总能和交易的对方成为朋友。

而影响山姆更多的还是母亲，虽然她只是一个普通的劳动妇女，却养成了许多良好的生活习惯。她很爱读书，对人热情，做事勤奋，将家里人都照顾得很好。而且由于家境不好，母亲一直很节俭，这些品质后来都被山姆继承下来了，为他以后的成功奠定了基础。

7 岁的时候，山姆就开始打零工了，他靠送牛奶和报纸赚得自己的零花钱，另外还将饲养兔子和鸽子拿出去卖。18 岁的时候，山姆进入密苏里大学攻读经济学学士学位，并担任大学学生会主席。毕业后正值第二次世界大战爆发，山姆毅然参军，在陆军情报团服役。

二战结束后，山姆回到故乡，他向岳父借了 2 万美元，和妻子海伦开了一家小杂货店，学会了采购、定价、销售。由于他待人和善，附近的居民都愿意到他的店里买东西。但是却因此遭受房东妒忌，导致房东找借口收回了店面，无奈之下的山姆只好来到本顿维尔继续开店。

一次偶然的机会，山姆学到了连锁、零售的好处和实惠。他说："如果我用单价 80 美分买进东西，以 1 美元的价格出售，其销量会达到以 2 美元出售的三倍！单从一件商品上看，我少赚了一半的钱，但我卖出了三倍的商品，总利润实际上大多了。"直到今天，这一价格哲学依然被零售业很好地继承下来。

山姆创业之初，零售业市场上已经存在了像凯玛特、吉布森等一大批颇具规模的公司，这些企业将目标市场瞄准大城镇，他们有些看不起小城镇，认为这里利润太小，不值得投资。

但山姆敏锐地把握住了这一有利商机，他认为在美国的小镇里同样存在着许多商业机会。尤其随着城市的发展，市区日渐拥挤，市中心的人口开始向郊区转移，而且这一趋势将继续下去，这给小镇的零售业发展带来了良好的契机；同时，汽车走入普通家庭增加了消费者的流动能力，突破了地区性人口的限制。用山姆的话说就是"如果他们（消费者）想购买大件的东西，只要能便宜100美元，他们就会毫不犹豫地驱车到50公里以外的商店去购买"。

为了赢得小城镇的顾客，山姆将"低价销售、保证满意"作为企业的经营宗旨，并将这条原则写在沃尔玛的招牌两边。他坚持每一种商品都要比其他商店便宜，为了达到这个目的，山姆开始提倡低成本、低费用结构、低价格、让利给消费者的经营思想。

为了实现这一经营思想，山姆付出了艰辛的努力。在创业之初缺少资金的情况下，他带领员工们自己动手改造租来的旧厂房，研究降低存货的方法，尽自己所能降低费用，为实行真正的折价销售奠定了基础。开始的时候，公司目标利润定在30%，后来降到22%，而其他竞争对手仍维持45%的利润。在这种情况下，自然吸引了大批顾客，正如山姆当初所预料的那样，也有许多城里人慕名而来。山姆用他勤劳的汗水、过人的眼光和头脑赢得了成功。

山姆一生都在勤勉地工作。在他60多岁的时候，仍然每天从早上4：30就开始工作，直到晚上，偶然还会在某个凌晨4点访问一处配送中心，与员工一起吃早点和喝咖啡。他常自己开着车，从一家分店跑到另一家分店，每周至少有4天的时间花在这类访问上，有时甚至6天。在周末上午的经理会前，他通常3:00就到办公室准备有关文件和材料。70年代时，山姆保持一年至少对每家分店访问两次，甚至他熟悉这些分店的经理和许多员工。后来，公司太大了，不可能遍访每家分店了，但他仍尽可能地多跑。

成功没有捷径，努力和奋进是所有成功的秘诀和方法。

大约 2000 年前有位先哲说过，上帝本可以创造能长出面包的树，但他创造出来的却是小麦，要人们磨成粉才能烘焙出面包。为什么呢？为的是让人可以成为他的伙伴，共同创造，一起参与。只要你努力了、付出了，你就会得到与自己的付出相匹配的成功。

第六节 巴尔扎克
——在坎坷的环境中成就伟大

奥诺雷·德·巴尔扎克（1799 年 5 月 20 日—1850 年 8 月 18 日），法国小说家，被称为"现代法国小说之父"。他生于法国中部图尔城一个中产者家庭，1816 年入法律学校学习，毕业后不顾父母反对，毅然走上文学创作道路，但是第一部作品五幕诗体悲剧《克伦威尔》却完全失败。尔后，他与人合作从事滑稽小说和神怪小说的创作，曾一度弃文从商、经营企业、出版名著丛书等，均告失败。商业和企业上的失败使他债台高筑，拖累终身，但也为他日后创作积累了生活素材。1829 年，他发表长篇小说《朱安党人》，迈出了现实主义创作的第一步，1831 年出版的《驴皮记》使他声名大震。他要使自己成为文学事业上的拿破仑，在 30 至 40 年代以惊人的毅力创作了大量作品。他一生创作甚丰，写出了 91 部小说，合称《人间喜剧》。

坎坷的环境铸就伟大的人格

1850 年 8 月 21 日，在巴尔扎克的葬礼上，雨果所致的悼词中有这样的话："在伟大的人物中间，巴尔扎克是最伟大的一个；

在优秀的人物中间，巴尔扎克是最优秀的一个……可叹啊！这个坚强的、永远不停止奋斗的哲学家、思想家、诗人、天才作家。在我们中间，他过着风风雨雨的生活，遭逢了任何时代一切伟人都遭逢过的恶斗和不幸。如今，他走了。他走出了纷扰和痛苦。"正如雨果所说，巴尔扎克一生坎坷。幼年就缺乏母爱，母亲，对他冷漠无情，他好像是家庭里多余的人。巴尔扎克后来回忆这段生活，曾愤愤地说："我从来不知道什么叫母爱！"

"我经历了人的命运中所遭受的最可怕的童年。"于是他长大以后立志要从事清苦的文学创作，当一个"文坛国王"。

从1819年夏天开始，巴尔扎克整天在一间阁楼里伏案写作。他的居所看上去有些寒酸，这间阁楼并不大，夏天热腾腾，冬天寒风嗖嗖。他没有白天，没有黑夜，没有娱乐，总是不停地写。结果在与书商打交道过程中不断受骗，以致负债累累，债务高达10万法郎。为了躲债他曾6次迁居。他对朋友说："我经常为一点面包、蜡烛和纸张发愁。债主迫害我像迫害兔子一样，我常像兔子一样四处奔跑。"即使在这样艰苦的环境中，巴尔扎克也一直勤奋写作，常常连续工作18小时。在不到20年里，他共创作91部小说，在世界上产生广泛影响，但他一生却是在贫困和痛苦中度过的。他曾用一句话概括自己："我的一生的劳动都在痛苦和贫困中度过，经常不为人理解。"

巴尔扎克的命运是坎坷的，他的经历也是极尽痛苦的。但是这些并没有使他软弱退却，相反，他冲开重重的束缚，更加顽强地苗壮成长起来。他在坎坷的环境中成就了自己的伟大，实现了自己的生命意义。

在烟雾覆盖的工业区，一粒波斯菊种子随风飘落在这儿的土地上，雨水过后，探出第一片嫩芽。那么屠弱的一片小小黄叶，在少见阳光的独自一角里，不被人所注视，寂寞顽强地生长着。在夏季的某个清晨迎着朝阳绽放出如火般的花朵，来往的人们惊奇地发现它的存在，驻足停留，赞美，感叹。

波斯菊的花语被大众所知，是有美好、和谐之意。但它还有另一个寓意就是坚强。无论生长环境多恶劣，都能开出美丽的花朵。我们观赏、赞美美丽的事物时，随波逐流地只看到它们表面的美好，往往忽略掉它们为这一刻散发出的美丽，囤积力量背后的隐忍、坚强。正是这份坚强，诠释了苦难的价值。

困难是成功的起点

美国人乔·卡伯在 1962 年时经商失败，不但身无分文，还负债 5 万美元，一家 10 口挤在一间租来的破旧小房子里，三餐不继，度日如年。当时，他只有两条路可以选择：一条是宣告破产；另一条是勤奋工作，设法赚钱还债。

虽然宣告破产能够合法而又迅速地解决债务问题，但是卡伯不愿这么做。他认为，别人因为相信他，才会把钱借给他，如果宣告破产就背信，那是有损名誉的事，最后他选择了第二条路。

卡伯随即召开债权人会议，他坦诚对债主们说："我已经没有钱了，如果你们不相信的话，请你们强迫我破产吧！如果你们还相信我，请给我努力的机会，我保证在 8 年内还清所有的债务。"

他只花了 90 分钟，就使债主们全都相信他，并接受他的保证："8 年之内还清所有的债务"。

不久，卡伯发现许多人跟他一样，也有处理债务的难题。于是，他灵机一动，把自己处理债务、说服债主的经验，写成一了本名叫《如何在 90 分钟内不用借钱解决负债》的书。这本书本钱 0.25 美元，售价 5 美元，一共卖了 10 万本。卡伯在 2 年内就还清了债务。

卡伯认为，他以前勤奋努力，仍旧入不敷出，欠了一屁股的债；如今"懒散怠惰"，反而赚了一笔，他依据自己的发财经验，又写了一本名为《懒人发财的秘诀》的书。

该书在 1972 年 10 月出版之后，仅靠刊登广告直接邮购（每本 10 元美金，书店不售），一年之内竟售出十几万本，替卡伯赚了 100 万美元。

可见，困难有时候也会成为机遇，成为成功的起点。大海因为拥有波澜，才更显壮丽；树木因为接受雨的洗礼，才更显苍翠；而生活因为有挫折的存在，才多了几份感动、几份坚强……要在挫折面前展示出最坚强的微笑。

当你一个人走在充满了羁绊与坎坷的人生之路时，偏偏又遇上了"大雨"，脚下的路变得越来越艰难，你望了望遥远的前方，又看了看身后已朦胧了的归路，你会做怎样的选择？是坐在地上失声大哭，还是勇敢而执着地跨出每一步？一个选择决定着你是否成功。

在困难面前，如果你选择的是前者，那么你就会看见困难在对你狂笑，笑你的懦弱自卑，笑你的胆怯。但如果你的选择是后者，那么困难就会躲在黑暗的角落里，瑟瑟发抖。所以，在困难面前，用你最坚强的笑容去打败它，让它在你阳光般的微笑中消亡。

保尔的坚强，海伦·凯勒的执着，让我们看到一个又一个美丽的奇迹；鲁宾孙的乐观，让我们知道绝处有坚强乐观定能逢生。他们一次次地感动你我，也告诉世人"给挫折一个微笑，给自己一个机会"的真理。当代的青少年们，勇敢一点，把困难踩在脚下，把它当成成功的起点吧。

第七节　拿破仑
——逆境中铸就坚韧的性格

拿破仑·波拿巴（1769 年 8 月 15 日—1821 年 5 月 6 日），法

兰西第一共和国执政、法兰西第一帝国皇帝，出生在法国科西嘉岛，是一位卓越的军事天才。他多次击破保王党的反扑和反法同盟的入侵，捍卫了法国大革命的成果。他颁布的《民法典》更是成为后世资本主义国家的立法蓝本。他执政期间多次对外扩张，形成了庞大的帝国体系，创造了一系列军事奇迹。

拿破仑最值得大书特书的杰作，是《拿破仑法典》。这部法典是一部典型的资产阶级民事法典，于 1804 年推出，它捍卫了资产阶级革命成果，打击了封建残余势力，体现了法国大革命的原则。其中大多数条款拿破仑亲自参与了讨论。这部法律的原名是《法国民法典》，它建立了比较完整的法律体系，并且在历史上流传甚广，欧洲资本主义国家的法律几乎都借鉴了这部法典。当拿破仑战败被流放到圣赫勒拿岛时曾说："我真正的光荣并非打了四十多次胜仗，滑铁卢一战抹去了关于这一切的记忆。但是，有一样东西是不会被人们忘却的，它将永垂不朽——那就是我的民法典。"

逆境使人坚韧

拿破仑出生在没落的科西嘉贵族家庭，他父亲送他进了一个贵族学校。他的同学都很富有，经常肆无忌惮地讽刺他的穷苦。拿破仑非常愤怒，却一筹莫展，无奈屈服在威势之下，就这样他忍受了 5 年的痛苦。但是每一次嘲笑，每一次欺辱，每一种轻视的态度，都使他增加了决心，他发誓要做给他们看看，证明自己确实是胜过他们。

当他第一次接受军事征召时，必须步行到遥远的发隆斯去加入部队。等他到了部队，看到他的同伴正用业余的时间追求女人和赌博。而他的贫困也使他失掉了争取到的职位。于是他改变方针，用埋头读书的方法去努力和他们竞争。他下决心要让全天下的人知道自己的才华，因此，他就以这种决心作为图书的选择范围。他住在一个既小又闷的房间里，他面无血色，孤寂、沉闷，但是却不停地苦读下去。

几年的艰苦努力，他的读书记录印刷出来的就有 400 多页。长官看见拿破仑的学问很好，便派他到操场上做一些工作——这是需要极复杂的计算能力的。他的工作做得极好，于是他获得了新的机会，拿破仑开始走上有前途的道路了。

这时，一切的情形都变了：从前嘲笑他的人，现在都涌到他面前来，想分享一点他得到的奖金；从前轻视他的人，现在都希望成为他的朋友；从前挖苦他矮小、无用、死用功的人，现在也都改为尊重他。他们都变成了他的忠心拥戴者。

逆境并不可怕，关键是要有对抗逆境的坚韧性格。坚韧的力量是巨大的，它可以使穷苦的孩子努力奋斗，最终找到生活的出路，创造惊人的奇迹。坚韧就是解决一切困难的钥匙，它的力量是巨大的。拥有坚韧的性格，就是成功的重要资本。

铸就坚韧性格的前提是要对自己有信心。对于一个充满自信心的人，可以化渺小为伟大，化腐朽为神奇，有自信心就会在体内感受到一种内在力的冲动。这内在力能够激发出勇往直前的拼搏精神，能够不断地给人强有力的鼓舞和触动，使人焕发出朝气蓬勃、乐观向上的精神。它会使你正确地、独立地看待自己和看待他人，会自觉地给自己一种超越他人，强于他人的心理力量，从而使你不惧怕任何困难和阻力，不向任何阻碍自己发展的势力妥协，不在挑战和考验面前颓唐退却，而在困难面前表现出坚忍不拔、勇往直前的精神。

在失败中积蓄力量

在港台的亿万富翁中，霍英东的知名度可以说是最高的。然而，霍英东的出身，也许要算亿万富翁中最苦的一个！我们只看到成功人士光辉的一面，殊不知，背后有多少艰辛和汗水。

霍英东祖籍广东省番禺县，他出生于香港一个水上人家。大约是在霍英东 7 岁那年，父亲患病不幸去世，年仅 40 多岁。因为染病时间很长，把本来就很有限的一点钱都花光了。

父亲去世以后，霍英东一家生活更加困难了。那时，他还有一个 9 岁的姐姐，一个 5 岁的妹妹，生活的重担全落在他母亲身上。

大约在霍英东 6 岁那年，便由别人背着去拜师启蒙。霍英东在校读书很是勤奋，成绩总是排在前几名。在皇仁书院，霍英东算是接受了比较系统的教育，那段日子，他的生活是相当艰辛的，为了省下一点钱，霍英东常常不坐电车，花半个钟头急步上学。他后来回忆说："这种紧张生活，经常弄得我筋疲力尽，头昏眼花，甚至神经衰弱。不过，这对于我又是一个极好的锻炼，使我后来走进社会以后，不管生活多么艰辛，工作多么繁忙，自己也不怎样畏惧，倒是能够从容对付。"

日军占领香港时，他做铲煤工，这是他的第一个职业，那时他才 18 岁。霍英东干得非常吃力，回到家里全身骨架像散了似的，倒下床就呼呼入睡了。只干了 9 个月，他在老板裁员时被解雇了。

那时，他很想学一门技术，有了一技之长，就不用这样天天做苦力了，不久，霍英东进了太古糖厂，在化验室工作。他做惯粗工，笨手笨脚的，常常把玻璃器皿打碎，想多学点技术，但常常弄出点事故。一次，和另一学徒用硫酸学制氢气，并用火点燃，氢气将空气中的氧气混合，轰隆一声巨响炸开了，他满脸玻璃碎片。糖厂的人以为是炸弹爆炸，结果他被厂方辞退了。

后来他又到仓库去干磅米的工作。一批苦力扛着米包排长龙，等着过磅，要称准 180 斤一包，多了不行，少一些仓库又不肯收，手脚稍微慢些，排队等候的苦力就紧催，这份差事也难干下去。

1942 年，母亲倾其所有，开了间杂货店，取名叫"有如"。这家杂货店由霍英东管理，每天早上 6 时多开店，洗漱刚毕，顾客便陆续蜂拥而来。到了晚上 10 点，伙计纷纷放工逛街，霍英东还得留在店里煮酱料、添甜醋、调制酱油。深夜 12 点了，还要封盖好一切杂物。样样都要收拾好，才能离店。一年 365 天，天天如此，一个小时也偷闲不得。

在这段日子里，霍英东起早贪黑，奔波劳碌，但却是经营生意的最好训练。由于他细心精明的经营，杂货店的生意日渐兴隆。这段生活，对霍英东是很好的磨炼，他从中获得经营管理的良好训练，培养了坚强的意志和灵活的处世方法。早年的艰辛和挫折，并没有打垮霍英东，他在不断的失败中，取得了经验，积蓄起力量，等待着机会，他坚信自己总有崛起的一天！

看完他的故事，我们对这个亿万富峰是否有更多的了解了呢？其实人的一生中经常会遇到很多的困难和挫折，在这些挫折中只要我们不断的积蓄力量，磨炼自己的意志，最后就会取得成功。所以说，逆境并不可怕，困难也不可畏，通过磨砺走向光明才是硬道理。

第八节　富兰克林·罗斯福
——苦难是挑战自我的动力

富兰克林·德拉诺·罗斯福(1882 年 1 月 30 日—1945 年 4 月 12 日)是美国第 31 位、第 32 任总统。

罗斯福曾促成了政党重组，大胆地利用联邦政府建立新政联盟，政治学家称之为"第五政党制度"。该联盟主导了民主党近半个世纪，直到 20 世纪 60 年代末。罗斯福推出的新税种，影响到所有的收入群体。虽受保守主义人士的强烈反击，但罗斯福仍常占优势。罗斯福政府重新定义了自由主义，并根据他的新政联盟重组了民主党。

"美国在线"曾于 2005 年举办票选活动——"最伟大的美国人"，富兰克林·德拉诺·罗斯福被选为美国最伟大的人物中的第十位。

用苦难挑战自我

纽约市郊东岸，有一大片山岭迤逦的高地，高地的一个小山丘上坐落着一幢气势不凡的宽敞楼房，这是海德公园村罗斯福家族的宅第。美国总统富兰克林·罗斯福就诞生在这里。

罗斯福 14 岁进入著名的格罗顿公学学习，4 年后考入哈佛大学。他潇洒英俊，热情奔放，很早就开始了自己的政治生涯，智慧、干练、胸怀宽广、深孚众望，似乎什么都不能阻挡罗斯福迈上政治峰巅的脚步。但是，无情的灾难降临了。

1921 年夏天，罗斯福与全家在坎波贝洛岛休假。回家途中，孩子们发现一个小岛上冒出一缕细烟。

"林火！"罗斯福喊道，他们随即向林火扑去。经过两个多小时的战斗，火终于扑灭了。罗斯福汗流浃背，热得要命，想跳进水里洗个澡，不料河水冰凉刺骨，寒气似乎一下子钻入他的脏腑。他觉得两腿肌肉酸痛，浑身冷得发抖，剧烈的疼痛扩散到他的背部和双腿。经诊断，他患上了脊髓灰质炎。就此，罗斯福从一个有着光辉前程的青壮年，一下子变成了一个卧床不起、需要别人帮助和照料的病人。

但是，高烧、疼痛、麻木以及终生残疾的可能，并未使罗斯福放弃理想和信念。他忍受着肉体和精神上的极大痛苦，接受一次又一次的治疗。凭借这种坚忍和乐观的精神，1924 年，罗斯福拄着双拐重返政坛。4 年后，他以出色的政绩、卓越的口才与充沛的精力，成为纽约州州长。

罗斯福当选纽约州州长时，美国人正享受着经济增长带来的无尽繁荣。当时美国总统胡佛在竞选时的口号相当鼓舞人心，他说："如果我当选，美国人家家锅里会有一只鸡，家家有一辆汽车。"然而，话音落下不久，华尔街股市就传来了不妙的消息——股票市场达到崩溃的地步，价格下跌之快连自动收录器都跟不上了。随之而来的是一场罕见的大萧条，失业领取救济的人排成长队，到处是破产、倒闭、暴跌，到处可见美国的痛苦、恐惧和绝望。曾经煊赫一时的繁荣在人们的记忆中慢慢淡去，美国在动荡中徘徊。

面对经济危机所带来的巨大灾难，胡佛的诺言成为一张永远无法兑付的空头支票。大萧条还在继续，人们对政府从失望到绝望再到痛恨，他们把这种愤恨全都发泄到了胡佛身上。失业者手中拿的破口袋叫"胡佛袋"，在公园长凳上过夜的流浪者身上盖的旧报纸叫"胡佛毯"。据说，有一次胡佛参加一个纪念碑的落成仪式，礼炮鸣过21响后，围观的人群中有位老人失望地说："天哪，居然一发也没打中他。"

在全国笼罩在一片绝望和困惑的阴影之中时，美国人迎来了1932年的总统大选。这一年，罗斯福击败胡佛，当选第32任美国总统。

这天是星期六，乌云低垂，冷雨潇潇。人们静静地伫立在阴寒灰暗的天空下，等待新总统就职典礼开始。正午12点，国会山上的大钟敲响，罗斯福缓缓地沿着铺着红地毯的斜坡走向高高的白色讲坛。面对举国上下的凄惨情绪，他发表了一篇充满激情而富有战斗性的演说，"我们的国家过去经得起考验，今后还会经得起考验，复兴起来，繁荣下去。唯一应该恐惧的东西就是恐惧本身。我向你们保证，也向自己保证，我要为美国人民实施新政。"

这位新总统豪迈坚定的决心和轻松愉快的乐观态度，赢得了广大美国人民的拥护，"新政"一词也作为罗斯福施政纲领的鲜明标志不胫而走。从此，"新政"就成了罗斯福的政治口号和实践标签，甚至成为罗斯福的代名词。

罗斯福告诉我们一个道理，那就是乐观、坚忍地战胜成功路上的所有障碍。无论你面临什么不利的困境，无论你处于什么位置，无论你自身的条件多么艰苦，只要你乐观、坚忍地坚持自己的信念，相信自己有力量摆脱任何不利条件的影响，就一定能战胜路上的所有障碍。

青少年成长的路上经常会遇到形形色色的障碍。面对这些障碍，有的人选择退却，有的人选择绕开，而有的人会选择迎难而上、勇敢接受困难的挑战。古往今来的故事证明，战胜障碍、走向成功的往往是后者。

所以，青少年在面对困难和障碍阻拦的时候，一定要相信自己，即使承受再大的痛苦也不能放弃自己的理想和信念，而要以乐观和坚忍的精神来应对，成功必将属于你！

别被不利条件束缚头脑

德国博物学家、达尔文进化论的捍卫者和传播者海克尔，曾经做过一个虎鲨的实验。

小虎鲨一出生就在大海里，习惯了大海中的生存之道：弱肉强食。肚子饿了，小虎鲨就努力找大海中的其他鱼类吃，虽然要费力气，却也不觉得困难。

有时候，小虎鲨必须追逐良久，才能猎食到口。随着小虎鲨经验的长进，猎食的挫折并不对小虎鲨造成困惑。

很不幸，小虎鲨在一次悠游追逐时，被人类捕捉到。离开大海的小虎鲨还算幸运，一个研究虎鲨的单位把它买了去。关在人工鱼池中的小虎鲨，虽然不自由，却不愁吃食，研究人员会定时把食物送到池中，都是些大大小小的鱼食。有一天，研究人员将一大片玻璃放到池中，把水池隔成两半，小虎鲨看不出来。

这一天，研究人员把活鱼放到玻璃的另一边，小虎鲨等研究人将放下鱼之后，就冲了过去，撞到玻璃，痛得头眼昏花，什么也没吃到。

小虎鲨不信邪，等了几分钟，看准了一条鱼，又冲过去，这次撞得更痛。

休息十分钟之后，小虎鲨饿坏了，这次看得更准，盯住一条更大的鱼，又冲过去，情况没改变，小虎鲨撞得更厉害了。它想不通到底是怎么回事。

最后，小虎鲨拼了最后一口气，再冲，仍然被玻璃挡着，撞了个全身翻转，鱼就是吃不到。小虎鲨终于放弃了。

研究人员又来了，把玻璃拿走。然后，又放进小鱼，在池中游来游去。小虎鲨看着快到口的鱼食，却不敢去吃，可是它又饿得眼睛昏花，不知道怎么办。

人很容易被过去的经验限制，也会被眼前看得见和看不见的挫折所吓退。正如小虎鲨为了猎食，被玻璃撞得头昏眼花，但是当玻璃取走后，到口的鱼食也不敢去吃，只好饿肚子。

大家走独木桥，其实独木桥并不难走，可是独木桥下的危险和独木桥本身的狭窄对我们造成了心理上的恐惧，于是，我们就失去了平和的心态，乱了方寸，慌了手脚，就这样畏缩不前。正如人生中面临挑战时，当我们看得清楚周围的困境的时候，不是去积极地挑战它，去解决它，而是恐惧它，这样反而会失败。

如果我们面对困境的时候，能适应它，并能根据不同的情境制造我们走过困难的桥梁，这样我们就能更快地到达我们的目的地。

第 7 章

辉煌人生：探求成功的奥秘

　　成功并不是一个复杂而遥不可及的词汇，有时候它只需要你永不言弃的追求，长期不懈的坚持，百折不挠的坚韧或者另辟蹊径的智慧，拥有了这些品格你就拥有了成功所需要的资本。所谓的成功的奥秘，有时候就是再简单不过的行为，比如对小事的留意，对失败的累积等。懂得了生活中最朴素的道理，你就会创造出属于自己的辉煌人生。

第一节 威尔逊
——攀爬成功的阶梯

托马斯·伍德罗·威尔逊（1856年12月28日—1924年2月3日）是美国第28任总统。作为进步主义时代的一个领袖级知识分子，他曾先后任普林斯顿大学校长，新泽西州州长等职。1912年总统大选中，由于西奥多·罗斯福和威廉·塔夫脱的竞争分散了共和党选票，他以民主党人身份当选总统。迄今为止，他是唯一一名拥有哲学博士头衔的美国总统（法学博士衔除外），也是唯一一名任总统以前曾在新泽西州担任公职的美国总统。1962年，历史学家对31位总统的投票排名，威尔逊高居第4位，仅次于乔治·华盛顿、亚伯拉罕·林肯和富兰克林·罗斯福。

一步一步走向成功

美国前总统伍德罗·威尔逊，自幼家境贫寒。当他还躺在摇篮里的时候，贫困就悄悄地威胁着他一家人的生存。

10岁时他不得不离开了自己的家，到附近的小镇当了一名学徒，而且这一干就是11年。这11年里，每年他可以接受一个月的学校教育，这是他一辈子成功的开始，而这11年艰辛工作的报酬，却只是1头牛和6只绵羊而已，这些东西最后只换了84美元现金。

他刚满21周岁，就跟着一支伐木队来到人迹罕至的大森林里，将一棵棵大树砍倒，顺着河水运到远方的城镇。每天，当树梢出现第一抹曙光，他便大声招呼伙伴们起来，然后一直辛勤地工作到天黑。经过一个月的努力，他挣了整整 6 美元，相当于他做学徒工时一年半的收入，在他看来已经是很丰厚的一笔薪水了！

即使在这样贫困的环境中，威尔逊先生仍然牢牢地把握着人生的方向。他决心不浪费每一分钟时间，也不让任何一个发展自我、提升自我的机会溜走。当别人把业余时间放在酒瓶中喝掉，或者卷在雪茄里燃烧的时候，他则把这些时间用在学习上。在他 21 岁之前，也就是在他做着学徒工的时候，他仔细阅读了一千多本好书——这些书是如此来之不易，他自己没有钱去买书，所以，他不得不通过各种方法借阅。比如说，他会很乐意为别人清理草坪，报酬就是借阅若干本他感兴趣的书。

正是因为有了大量的阅读作为基础，所以在他 12 岁的时候，他加入了内蒂克的一个辩论俱乐部，并且很快脱颖而出，成为其中的佼佼者。尽入政运后，在马萨诸塞州议会上，他发表了一篇著名的反对奴隶制度的演说，演说相当精彩，也相当成功，从此以后，他确立了在马萨诸塞州政界的显赫地位，并为他以后进入国会打下了坚实的基础。

贫困不是消极的理由，困难也不是不思进取的借口。事实上，很多成功的人士都是从贫困中走出来的。贫困是他们辉煌一生的最初的磨炼，因为有了贫困的经历，他们才可以笑对人生中的一切坎坷；因为有了忧患的意识，他们才更加坚定走出贫困的信心，最终做出一番伟大的事业来。

人生必须要有信仰来引导。信仰会帮助你认准目标，鼓舞你去追求、创造出理想的生活。我们在人生的道路上总会遇到这样那样的困难，只要我们拥有坚强的信念，不断克服困难，接受磨炼，就能最终取得成功。

人的一生就是在不断遇到困难，不断克服困难中走过的。不要总是抱怨自己运气不佳，或财运不济，只要正视自己，搬掉压在心里的那块"忧虑"之石，你会发现，成功离你其实不远。

坚持不放弃

有这样一位病恹恹的美国人：3岁时，得了严重的猩红热，在医院一躺就是数月，后靠一剂强心针，勉强摆脱了死神的纠缠。18岁时，他又染上了一种怪病，不得不长期住进波士顿的一家医院。在写给朋友的信中，身心俱疲的他流露出了绝望："也许，明天你就得参加我的葬礼了！"26岁时，他通过隐瞒病史参加了海军。在与日本人的一场海战中，他所在的军舰不幸被击沉。他最后靠身边的一块木板捡回了一条命，但却落下了更严重的后遗症。37岁时，他身上多种病症并发，长时间卧床不起。

可就是这样一位从小到大百病缠身、快要接近残疾的人，却从平民百姓起步，从工人、军人、作家再到议员，一步一个脚印，在43岁那年，成为美国历史上最年轻的总统，他就是约翰逊·肯尼迪。

很难想象，在公众场合精力充沛、风流倜傥的肯尼迪竟然是个药罐子。而事实的确如此，他各个发病期的主治医生都见证了这一点，同时，他们也见证了肯尼迪各个发病时期孜孜不倦的勤奋：病床上，他的身边随时堆满了书籍和笔记本。35岁那年，他在病床上创作的描写二战期间的专著《勇敢者》，荣获了当年的普利策奖。即使当了总统之后，有时病得无法办公，他也会躺在疗养室的温水池里阅文件、下指示……

疾病无时无刻不让他感受到死亡的威胁，这种威胁又无时无刻不让他感觉到时光的宝贵，因此，在被刺身亡前的有限的46年生命中，他废寝忘食、兢兢业业，成为美国历史上最有影响力的总统之一，被许多人誉为"与时间赛跑的人"，这不能不说是一个奇迹。

按常理来说，身体是革命的本钱，疾病对一个人而言，就意味着"革命"的停滞；而肯尼迪的人生却向人们昭示了疾病缠身的人的另一种人生——只要坚持不放弃，就一定会取得成功。安德鲁·加德说过这么一段话："一个人应当一次只想一件东西，并持之以恒，这样便有希望得到它。"

假如凡尔纳第一次或者第二次、第三次投稿没成功而放弃了，那么我们还读得到《海底两万里》等优秀的科幻小说吗？假如安徒生在别人攻击他的作品"别字连篇""不懂文法""不懂修辞"的时候放弃了，那么我们的童年还有那么多优秀的童话故事可以读吗？假如没有更多的坚持和不放弃，我们能看到那么多的科学奇迹吗？

亲爱的朋友们，人生如同登山峰，当我们认准了通往山顶的道路，那么勇敢地走下去吧，沿途可能会遭遇暴风骤雨，也可能会遭遇种种困难，不要因为这些放弃我们的方向和道路。等你克服了这些困难到达山顶的时候，在回头看看所走的路，想想所吃的苦，这样你才能更加珍惜现有的成果。

第二节　柏拉图
——小事中隐藏着成功

柏拉图，古希腊伟大的哲学家，也是全部西方哲学乃至整个西方文明最伟大的哲学家和思想家之一，他和老师苏格拉底、学生亚里士多德并称为"古希腊三大哲学家"，他们三人被广泛认为是西方哲学的奠基者。另有其创造或发展的概念包括：柏拉图主义、柏拉图式爱情、经济学图表等。

柏拉图是西方客观唯心主义的创始人，其哲学体系博大精深，对其教学思想影响尤甚。柏拉图认为世界由"理念世界"和"现象世界"所组成。他的主要著作有早期的《对话》；成熟期的《理想国》；后期的《法律篇》。

成功是由小事累积的

著名哲学家柏拉图为了培养门徒对人生的感悟，就带着他的门徒斯图拉斯远行。有一次，途中发现一块别人废弃的马蹄铁，一个个的行人从它的旁边走过，就是没有人捡起它。柏拉图让斯图拉斯捡起来，斯图拉斯却懒得弯腰，假装没听见，像旁边的行人一样继续往前走。柏拉图自己弯腰捡了起来，并用它换得一点钱，买了十几颗樱桃藏在衣袖里。

出了城便是茫茫的荒野，走上一段路，炎热的天气让斯图拉斯喝光了他所带的水，就在斯图拉斯口渴难忍的时候，柏拉图故意掉落一颗樱桃在地上，口渴难挨的斯图拉斯，不得不弯腰捡起来吃。

就这样，走上一段路柏拉图就丢一个樱桃，然后口渴的斯图拉斯就一个一个地捡起来。在这个过程中他也顾不得狼狈，就这么一次又一次地弯起腰——毕竟解渴要紧啊。

事后，柏拉图借此事教育斯图拉斯，就语重心长地对他说："在生活中小事不做，将在更小的事情上费更多力。如果你肯先弯一次腰，就可以免去以后的许多困扰。你当初懒得去弯那一次腰捡起马蹄铁，后来却要不断地弯腰去弥补——事情就那么简单。"

老子说："图难于其易，为大于其细。天下难事，必作于易，天下大事，必作于细。是以圣人终不为大，故能成其大。"在生活中，好多人瞧不起小事、不愿意做小事；而大事想做却没有本事做，或者轮不到他做，最终一事无成。而许多成功的机遇，就隐藏在随处可见的小事当中。其实，成功的路就在你的面前，而我们却一再地漠视它，要昂首阔步地另辟蹊径。很多时候，成功的源头就在我们身边的那些不起眼的小事当中。

成功的道路就像是一条朝圣的道路，虔诚地走着每一步，认真地做好身边的每一件小事，坚持到最后，总会到达你所期望的圣地。青少年朋友们，其实成功真的很简单——只要你认真对待每一件小事，你就会发现成功就在你触手可及的地方。

一天和一生

午夜，墙上的挂钟敲响了 12 下，约翰·西顿准时从睡梦中醒来。他点起蜡烛，洗一把脸，开始了一天的工作。这是最宁静的时刻，既不会有人打扰，也不会有债主来催债，正是他写作的黄金时间。准备工作开始了，他把笔、纸、墨水都放在适当的位置上，这是为了不要在写作的时候有什么事情打断自己的思路。他又把一个小记事本放到写字台的左上角，上面记着章节的结构提纲。他再把为数极少的几本书整理一下，因为大多数书籍资料都早已装在了他的脑子里了。

约翰·西顿开始写作了，房间里只听见奋笔疾书的"沙沙"声。他很少停笔也很少休息，喝上一杯浓咖啡，振作下精神继续写作。早晨 8 点，约翰·西顿草草地吃完早饭，洗个澡，紧接着就处理日常事务。印刷厂来取墨迹未干的稿子，同时送来几天前的稿样，约翰·西顿赶紧修改稿样，直到一个词都挑不出毛病。修改稿样的工作持续到中午 12 点。

整个下午的时间，他用来摘记备忘录和写信，在信里和朋友探讨艺术上的问题。吃过晚饭，他要对晚饭前的工作进行整理和总结，更重要的是对明天的章节进行细致的推敲，这是他写作过程中的重要一环。晚上 8 点，他放下一切工作，按时睡下了。

　　这普通的一天，是约翰·西顿几十年写作生活的一个缩影。

　　人们往往羡慕别人一年的收获和一生的成就，但却看不到他们是怎么利用好每一天的，常常将自己美好的一天轻易地放过去。殊不知，轻易放过一天的人，也容易轻易放过一年，最后平平淡淡的过一生。没有约翰·西顿几十年如一日的写作，我们就不会看到一个闻名全球的大文豪。人的生命是有限的，在有限的岁月里，人应该怎么度过？正所谓"少壮不努力，老大徒伤悲"。人应该珍惜每一天，懂得时间的宝贵，让自己每天过得有意义。

　　一个人的成就是一点点地积累起来的，是善于利用时间的结果。人生如拼图，每一天就如那一块块的碎片，有心的人会用心的把这一块块的碎片放到它所在位置，用这些碎片编织出美丽的图片。看到这些，青少年朋友们是不是有所感悟呢？

第三节　皮浪
——成功在于不断的追求

　　皮浪（前 365 或 360 年—前 275 或 270 年），希腊古典时期的哲学家，被认为是怀疑论的鼻祖，埃奈西德穆的怀疑论学派—皮浪主义，受此启发并因此得名。

　　皮浪出生于希腊城邦爱利斯，早年做过画匠，后改学哲学，追随德谟克利特的继承者阿那克萨库多年。曾参加亚历山大东征军队，远征到过印度。生前无著述，以独特的生活方式赢得同时代人的尊重，有人甚至把他在哲学史上的地位与苏格拉底相比。他的思想经传记作家拉尔修和恩披里柯的对他的学说的介绍，受到各派哲学家的重视。

成功在于永不放弃

皮浪是希腊著名的哲学家,他的一些经典学说至今被人借鉴。但是皮浪的成功并不是因为他是一个多么有天赋的人,他的成功更多的是来源于他自己不懈的努力和对于目标的不断追求。

皮浪小时候家里十分贫困,但是他又是一个对于知识有着无限渴望的孩子,于是他就经常跑到集市里追着那些认识字并且有一些文化的人,请求他们教他认字。慢慢地,皮浪认字多了,他就主动帮当地贵族做事,以求能用自己的劳动换取看书的权利。

当皮浪渐渐大了,他的知识渐渐丰富起来后,他毅然独步到当时学术中心的雅典去求学。尽管在那里没有人看得起这个穷小子,但是他依然没有气馁,他坚持着自己的心中追求,努力向着目标前进。

后来,皮浪通过自己的努力逐渐在雅典获得了一些名声,有人就劝他道:"你已经获得了一些成就,还这么努力干嘛,多累啊!"皮浪笑了:"成功离我还很远,我只不过是完成了刚开始的一段路程而已。"

又过去了十余年,皮浪真正的在希腊声名鹊起,但是他依然没有停下他前进的脚步,他依然在努力向着更大的成功迈进。

也许我们都在努力地追求成功,但是难免会有自满之心,浅尝辄止。其实真正的成功来源于坚持不懈的努力和追求。就像皮浪一样,我们应该把目光放在更远、更广的地方。

凡事要全力以赴

曾经担任过美国国务卿的鲍威尔并非出身名门望族,这位黑人原本家道寒微。但鲍威尔年轻时胸怀大志，为帮补家计，凭借自己壮硕的身体，从事各种繁重的工作。

一年夏天，鲍威尔在一家汽水厂当杂工，除了洗瓶子外，老板还要他擦地板、搞清洁等等。他毫无怨言地认真去干。一次，有人在搬运产品中打碎了50瓶汽水，弄得车间一地玻璃碎片和团团泡沫。按常规，这是要弄翻产品的工人清理打扫的。老板为了节省人工，要干活麻利爽快的鲍威尔去打扫。当时他有点气恼，想甩手不干，但一想，自己是厂里的清洁杂工，这也是分内的活儿。于是，鲍威尔尽力地把满地狼藉的脏物扫除、揩抹得干干净净。

过了两天，厂负责人通知他：他晋升为装瓶部主管。自此，他记住了一条真理：凡事全力以赴，总会有人注意到自己的。

后来，鲍威尔以优异的成绩考进了军校。再后来，鲍威尔官至美国参谋长联席会议主席，衔领四星上将，又膺任北大西洋公约组织、欧洲盟军总司令的要职。

鲍威尔一直全力以赴地工作，在五角大楼上班时，这位四星上将往往是最早到办公室又是最迟下班的。鲍威尔在西点军校演说时曾以"凡事要悉力以赴"为题，对学员们讲述了一个颇富哲理的故事：

在建筑工地上，有三个工人在挖沟。一个心高气傲，每挖一阵就挂着铲子说："我将来一定会做房地产老板！"第二个嫌辛苦，不断地埋怨说干这种下等活儿时间长、报酬低。第三个不声不响挥汗如雨地埋头干活，同时脑子里琢磨如何挖好沟坑令地基牢实……若干年后，第一个仍无奈地拿着铲子干着挖地沟的辛苦活儿；第二个虚报工伤，找个借口提前病退，每月领取仅可糊口的微薄退休金；第三个成了一家建筑公司的老板。

据说后来军校将鲍威尔的故事作为教育学员"凡事都要全力以赴"的活教材。

人生有梦想才有动力，有竞争才有动力，有竞争和动力才会要求人们全力以赴。人生只要全力以赴，平淡悠然也是精彩，把每一件事情竭尽所能地做到最好，人生则会更加灿烂辉煌。

第四节　车尔尼雪夫斯基
——成功不是偶然

尼古拉·加夫里诺维奇·车尔尼雪夫斯基（1828 年 7 月 12 日—1889 年 10 月 29 日），俄国革命家、哲学家、作家和批评家，人本主义的代表人物。同时，他也是俄国杰出的革命民主主义者，一生为真理而奔走呼号的战斗者。

车尔尼雪夫斯基的著述活动是多方面的，涉及哲学、经济学、美学、文学、社会学等各个领域。他的最重要的著作有：《艺术对现实的审美关系》《俄国文学果戈理时期概观》《对反对公社所有制的哲学偏见的批判》《哲学中的人本主义原理》《生活与美学》以及小说《怎么办？》等。其中，他在监狱中写下的长篇小说《怎么办？》，被誉为"生活教科书"。

成功靠的不是偶然

车尔尼雪夫斯基出生在伏尔加河边美丽的萨拉托夫城。他的父亲是一个平民出身的牧师，很有学问。家里有一个藏书丰富的图书室，车尔尼雪夫斯基也因此爱上了读书，他经常一边吃饭，一边看书。

有一天早晨，妈妈看到孩子好长时间没从厨房里出来，心想这孩子到底吃了些什么？于是，他母亲悄悄地走到厨房门前，只看到小车尔尼雪夫斯基正在那里为一篇小说中的人物而哭泣流泪。妈妈喊来了他的父亲，又拿了很多他平时喜欢读的书哄他，他才擦擦眼泪继续吃饭。

车尔尼雪夫斯基最喜欢俄国大诗人普希金的诗，喜欢英国作家狄更斯和法国女作家乔治·桑的小说，还读了许多社会科学方面的书籍。由于他坚持不懈的努力，10岁时，就已赶上了15岁中学生的知识水平。

14岁的时候，他以优异的成绩考取了萨拉托夫的教会中学。那里的教师多是一些不学无术的人，除了讲些老掉牙的教材外，不能给学生提供任何新鲜有用的知识，为此车尔尼雪夫斯基十分不满。

有一次，老师布置写作文，他不受老师的限制，很快写出了一篇关于读书学习方法的文章。他说："知识就像一座有无数宝藏的大山，越往深处发掘，越能得到更多的东西。尤其是青少年，更应该在知识的园地里不屈不挠地耕耘。"文章写成之后，学生们就争相传阅，大家的认可在他的心灵里点燃了更旺盛的求知之火。

16岁时，车尔尼雪夫斯基已经通晓7种外语，大量阅读了俄国民主主义者别林斯基和赫尔岑的文章。第二年，他中学毕业后，又考入圣彼得堡大学文史系。

在大学几年中，车尔尼雪夫斯基更加勤奋，读书常常是通宵达旦，被老师和同学开玩笑地称为"伏尔加河边的读书迷"，经过不懈努力，他最终成为著名的文学家。

什么是成功？ 成功就是实现有意义的、既定的目标。如何才能成功？成功不是一蹴而就的，更不是偶然，取得成功是一个由量变到质变的过程。每一个成功者都有一个开始，勇于开始，才能找到成功的路。成功不是偶然的，要想取得成功，就要注重点滴的积累和充分的准备——事在人为。

成功是无数失败的累积

有这样一个人，他的成功经历值得我们深思。

那是 1832 年，当时他失业了，这使他很伤心，但他下决心要当政治家，糟糕的是他竞选州议员失败了。在这一年中他两次遭受打击，这对他来说无疑是痛苦的。

他尝试自己开办企业，因为管理不善，结果不到一年，企业又倒闭了。在以后的 17 年间，为偿还企业倒闭时所欠的债务，他不得不到处奔波，历尽磨难。

后来，他再一次参加竞选州议员，这次他成功了。他内心萌发出一丝希望，认为自己的生活有了转机"可能我可以成功了！"

1835 年，他与自己心爱的女友订了婚，但离结婚还差几个月的时候，未婚妻不幸去世。这对他精神上的打击实在太大了，他心力交瘁，数月卧床不起。

1836 年，他还患了神经衰弱症。1838 年，他觉得身体状况良好，于是决定竞选州议会议长，可他失败了。1843 年，他又参加竞选美国国会议员，但这次仍然没有成功。

他一次次地尝试，一次次地遭受失败，但他没有放弃，1846 年，他又一次参加竞选国会议员，最后终于当选了。

两年任期很快过去了，他决定要争取连任。他认为自己作为国会议员的表现是出色的，相信选民会继续选举他。但结果很遗憾，他落选了。

因为这次竞选，他赔了一大笔钱，他申请当本州州长的土地官员。但州政府把他的申请退了回来，上面有州长的批示："本州的土地官员要求有卓越的才能和超长的智力，你的申请未能体现这些特点。"

他还是不服输，1854年，他竞选参议员，又失败了；两年后他竞选美国副总统提名，结果被对手击败；又过了两年，他再一次竞选参议员，还是失败。

这个在九次失败的基础上赢得两次成功的人便是亚伯拉罕·林肯，他一直没有放弃自己的追求。他一直在做自己生活的主宰。

1860年，他当选为美国第16任总统。

英国著名的哲学家罗素说过这样一句话："生活就像登山，每个人都想顺利登上山巅。然而困难也像风雨变幻，没有人一生都平坦顺畅，只有具有坚强斗志的人，才能经历风雨，焕发生命活力，展现风雨中彩虹般的光彩。"

的确如此，人是需要有一点顽强精神的，当你发现自己在竞争中根本没有优势可言时，最重要的是要有一颗永不服输的心。要坚信，只要不断努力进取，终会获得最后的成功。而在这次成功前的每一次失败，都只能算是我们为了这次成功应该付出的代价而已。付出的代价越大，失败的次数越多，取得成功的价值就越高。

第五节　亚里士多德
——善于倾听方能成功

亚里士多德（公元前384年—公元前322年），古希腊斯塔基拉人，世界古代史上最伟大的哲学家、科学家和教育家之一，堪称"希腊哲学的集大成者"。

亚里士多德把科学分为：理论的科学（数学、自然科学和后来被称为形而上学的第一哲学），实践的科学（伦理学、政治学、经济学、战略学和修饰学）以及创造的科学（诗学）。亚里士多德一生勤奋治学，从事的学术研究涉及逻辑学、修辞学、物理学、生物学、教育学、心理学、政治学、经济学、美学、博物学等。

亚里士多德对世界的贡献之大，令人震惊。他至少撰写了170部著作，其中流传下来的有47部。当然，仅以数字衡量是远远不够的，更为重要的是他渊博的学识令人折服。他的科学著作，在那个年代简直就是一本百科全书，内容涉及天文学、动物学、胚胎学、地理学、地质学、物理学、解剖学、生理学，总之，涉及古希腊人已知的各个学科。

亚里士多德的重要著作有《形而上学》《伦理学》《政治学》和《分析前篇和后篇》等。这些著作对后来的哲学和科学的发展起了很大的影响。

成功来源于倾听

世界上最伟大的哲学家和教育家之一的亚里士多德，回答他的弟子关于怎么成功的问题的时候，讲过下面一个小故事：

曾经有个小国的人到雅典来，进贡了三个一模一样的金人，个个精美绝伦，把雅典城主高兴坏了。可是这小国的人同时出了一道题目："判断一下这三个金人哪个最有价值？"雅典城主想了许多的办法，请来珠宝匠检查：称重量，看做工，都是一模一样的。怎么办？使者还等着回去汇报呢。强大的雅典，不会连这个小问题都不懂吧？

最后，有一位退位的老大臣自告奋勇地站了出来。雅典城主将使者请到大殿，老臣胸有成竹地拿着三根稻草，分别插入三个金人的耳朵里，插入第一个金人的稻草从另一边耳朵出来了；插入第二个金人的稻草从嘴巴里直接掉出来；而第三个金人，稻草进去后掉进了肚子，什么响动也没有。老臣说："第三个金人最有价值！"使者默默无语，答案是正确的。

　　这个故事告诉我们，最有价值的人，不一定是最善言辞的人。老天给我们两只耳朵一个嘴巴，本来就是让我们多听少说的。善于倾听，才是成熟的人最基本的素质。

　　列夫·托尔斯泰曾经说过："生活不是一种享乐，而是一种沉重的工作。"那么，怎样才能在这份沉重的工作中如鱼得水？怎么才能把沉重的工作变成一种享受呢？倾听——倾听朋友的心里话，倾听自己的心里话。听听别人是如何对待生活的，是如何对待事业的，听听别人的经验和教训，然后听听自己内心的想法，去完善和补充自己的人生履历。

　　生活中需要倾听。用心去倾听好朋友的一个善意的提醒，一个严厉的批评，将使你改正错误不至偏离原来的目标；用心去听父母的一次唠叨，一次对话，你将会明白，生活之中处处充满关爱，使你在爱的润泽下健康成长。

　　青少年朋友们，在你忙碌的同时，不妨在累的时候休息一下，听听身边的朋友有什么话说，听听家人的唠叨，听听大自然对我们所诉说的一切。倾听可以使我们感觉无比的幸福，早已失去的对生活的热情，也会在倾听里萌动，并重新焕发出新的活力。

　　侧耳倾听，你就可以听到世界上最美的声音，你就会在人生道路上顺利前行。尽管在人生道路上会有许多荆棘，但是因为你会倾听那些成功人士在成功之路上积累的经验，因而你在渐渐靠近成功。学会倾听在你的人生道路受益匪浅。

善于倾听益处多

　　乔·吉拉德是世界上伟大的销售员，连续12年荣登吉尼斯世界纪录大全世界销售第一的宝座，他所保持的世界汽车销售纪录——连续12年平均每天销售6辆车，至今无人能破。他也是全球最受欢迎的演讲大师，曾为众多世界500强企业精英传授宝贵经验，世界各地数以百万的人们被他的演讲所感动，被他的事迹所激励。

曾经有这样一件事，令乔·吉拉德终生难忘。

在一次推销中，乔·吉拉德与客户洽谈顺利，可是即将签约成交时，对方却突然变了卦。

当天晚上，按照顾客留下的地址，乔·吉拉德登门求教。客户见他满脸真诚，就实话实说："因为你自始至终没有听我讲的话。就在我准备签约前，我和你说起我的独生子即将上大学，提到他的运动成绩和他将来的抱负，我以他为荣。但是，你当时却毫不理会地和别人讲话，我一恼就改变主意了！"

此番话深刻地提醒了乔·吉拉德，使他在一瞬间领悟到了倾听的重要性，让他认识到如果不能自始至终倾听对方讲话的内容，认同顾客的心理感受，就会在顷刻间失去自己的顾客。后来，乔·吉拉德经常说："有两种力量非常伟大，一是倾听，二是微笑。上帝为何给我们两个耳朵一张嘴？意思就是让我们多听少说！"

我们做任何事情，都要讲究"用心"二字。与人交谈也是如此，如果没有用心去倾听，可能很快就会惹来对方的不快，以至拂袖而去。乔·吉拉德的经历很好地印证了这个道理。在人际交往中，我们一定要善于体察人心，善于倾听。就像洛克菲勒所说的那样："和一般人所相信的刚好相反，在对话中，聆听者才是拥有权力的人，而非陈述者。"这主要是因为，从本质上讲，人是孤独的动物，他人的温暖和帮助，是心理维生素。痛苦和喜悦，都需要有人来分享，这是人的一种基本的心理诉求。

试想，和一个面露敌意且肢体呈现侵略性姿态的人，以及一个全神贯注听你讲话的人说话时，你的感受是否会不一样呢？专注地倾听不是一种技巧，它比较像是一种态度。最令人兴奋的是，当你专注地倾听之后，原来的陈述者也会更愿意聆听你的意见。如果我们在生活中善于倾听，就能加快自己迈向成功的进程。当然，我们也有必要掌握一些倾听的技巧，比如以微笑表示好感，以目光接触表示关注，以复述或提问表示对话题的兴趣，以不打断说话者表示接纳，以点头表示认同，等等。

洛克菲勒曾说："当你单纯地聆听其他人说话时，就卸下了你的防卫，也会因此得到更多。"是的，善于倾听的人，别人欢迎，自己长智。从某种程度上来说，倾听也是完善自我、审视自我的过程。常言道："当局者迷，旁观者清。"学会倾听，我们就会利用他人的眼光反观自己，从而完善我们的人格。

第六节　安徒生
——成功需要百折不挠的心

汉斯·克里斯蒂安·安徒生（1805年4月2日—1875年8月4日），19世纪丹麦著名的童话作家，被誉为"世界儿童文学的太阳"。代表作有《坚定的锡兵》《海的女儿》《拇指姑娘》《卖火柴的小女孩》《丑小鸭》《皇帝的新装》等。

安徒生出生于欧登塞城一个贫穷的鞋匠家庭，童年生活贫苦。早年在慈善学校读过书，当过学徒工。受父亲和民间口头文学影响，他从小爱文学。11岁时父亲病逝，母亲改嫁。为追求艺术，他14岁时只身来到首都哥本哈根。17岁发表诗剧《阿尔芙索尔》，崭露才华。安徒生文学生涯始于1822年的编写剧本。进入大学后，创作日趋成熟。曾发表游记和歌舞喜剧，出版诗集和诗剧。1833年出版长篇小说《即兴诗人》，为他赢得国际声誉，是他成人文学的代表作。他的作品《安徒生童话》已经被译为150多种语言，在全球各地发行和出版。1875年8月4日安徒生因肝癌逝世于朋友的乡间别墅，享年70岁。

成功需要你百折不挠

安徒生是欧洲著名童话作家，而且他被人尊为"童话大王"。有人曾经问他："怎样才能成功呢？"安徒生笑了笑，递给他一颗花生，并对着他说："用力捏捏它。"那人用力一捏，花生壳碎了，只留下花生仁。

"再搓搓它。"安徒生望着那人说。那人又照着做了，红色的种皮被搓掉了，只留下白白的果实。

"再用手捏它。"安徒生又说。那人用力捏着，却怎么也没法把它捏碎。于是那人就说："安徒生先生，捏不碎，怎么办呢？"

"那你就再用手搓搓它。"智者说。那人又照做了，当然，结果是什么也搓不下来。安徒生笑了，说："你现在明白了应该如何成功了吗？"那人有些茫然地摇了摇头："您还什么都没跟我说呢。"

安徒生呵呵笑了几声，望着远方道："虽然屡遭挫折，却有一颗坚强的百折不挠的心，这就是成功的秘密。"

在人生的道路上，当我们遇到困难和挫折的时候，我们该如何去面对？或许有人会因此而退缩，但能坚持走到最后的人必定是成功的。

在人生的道路上，一旦确定了自己的目标后，就要勇敢地去拼搏，要具有坚强的意志和百折不挠的精神。尽管长路漫漫，但哪怕是"衣带渐宽终不悔，为伊消得人憔悴"，甚至是耗尽自己毕生的心血，也要不断提升自我，为实现自己的目标而奋斗。

用坚韧书写传奇

1942 年 1 月 17 日，一代拳王穆罕默德·阿里出生在美国肯塔基州的路易斯维尔。众所周知，阿里是20世纪拳坛诞生的最伟大的英雄之一，他的出现超越了拳击乃至体育，成为一个时代的偶像。

从反对种族歧视到赢得无数比赛，阿里用他的坚韧书写了一代拳王的传奇。

和当时美国其他各州的情况一样，种族隔离也是肯塔基人民生活的一部分。这里没有专供有色人种居民吃饭的地方，而他们是不允许进入专为白人开设的餐馆的。尽管很多人为此游行抗议，但这实际上，还是被大多数人所接受了。

阿里和他的弟弟鲁道夫就是在这种环境中长大的，而阿里从小就希望，能用自己的力量来改变这一切。对此，他的母亲一直记忆犹新。阿里的母亲奥德萨·克莱说："他开始参加拳击运动的时候总是对我说，他一定会把奥林匹克运动会的金牌拿回来，他做到了。还有一次，是他在4岁的时候，他曾经对我说，总有一天，他要成为世界冠军，是的，他也做到了。"

1964年，23岁阿里对阵逊尼·利斯顿。在这次比赛前，利斯顿有9年没有输过一场比赛，他打倒了30个对手中的27个。决战开始，利斯顿像头野牛，乱冲乱打，而阿里却很轻松地闪过他的重拳，半个回合过去了，阿里才开始还手，并在第一回合中占了优势。这场争夺拳王的大战迫使他继续拼搏。阿里用敏捷、轻快的短拳连打利斯顿的头部，阿里越战越勇，左攻右击，打得利斯顿难以招架。第7回合的钟声响了，利斯顿再也没有站起来，50年以来第一次重量级拳王中途放弃了比赛，阿里第一次成了世界拳王。

然而还有一次比赛，让阿里不但从技术上更是从精神上成为打不败的斗士。20世纪70年代是世界重量级拳击史上英雄辈出的年代。4年来未登上拳台的拳王阿里此时体重已经超过正常体重二十几磅，速度和耐力也已大不如以前了。医生给他的运动生涯判了"死刑"，然而，阿里坚信"精神才是拳击手比赛的支柱"，他凭着顽强的毅力重返拳台。

1975 年，33 岁的阿里与另一拳坛猛将弗雷泽进行第三次较量（前两次一胜一负）。在进行到第 14 回合时，阿里已经筋疲力尽，濒临崩溃的边缘，这个时候如果有一片羽毛落在他身上也能让他轰然倒地，他几乎再无丝毫力气迎战第 15 回合了。然而他拼命坚持，不肯放弃。他心里清楚，对方和自己一样，也是只有喘息的力气了。

比到这个地步，与其说是在比力气，不如说是在比毅力，就看谁能比对方多坚持一会儿。他知道此时如果在精神上压倒对方，就有胜出的可能。于是，他竭力保持着坚韧的表情和誓不低头的气势，双目如电，令弗雷泽不寒而栗，以为阿里仍存在体力。这时阿里的教练敏锐地发现弗雷泽已有放弃的意思，他将此信息传达给阿里，并鼓励阿里再坚持一下。阿里精神一振，更加顽强地坚持着。果然，弗雷泽表示甘拜下风。裁判当即高举阿里的臂膀，宣布阿里获胜。这时，保住了拳王称号的阿里还未走到台中央便眼前漆黑，双腿无力地跪倒在地。弗雷泽见状，如遭雷击，他追悔莫及，并为此抱憾终生。

在阿里的职业拳击生涯中，他与所有的优秀拳手都进行过"拳台对话"。特别是与乔·弗雷泽的这场"三番决斗"成为拳击史册的经典之作。

每一个人在奋斗中都会遇到各种困难、挫折和失败，不同的心态，是成功者与普通人的区别。

青少年们是否知道，许多人最终迈向成功，都是在经历了无数次失败之后。每一次失败都会使一个勇敢的人更加坚定。如果没有失败的刺激，他们或许甘愿平庸。失败使人发奋图强，历经失败的痛苦，才能找到真正的自我，感受到真正的力量。

经历了沉重的打击，人人都会觉得希望渺茫。但是，如果一个人有坚韧的承受力，他还是有希望的；只要有勇气，就有希望。如果一个人经受一次打击就灰心丧气，难以自拔，毫无斗志，那他就没有希望。别人都已放弃，自己还在坚持；别人都已退却，自己仍然向前；看不见光明、希望却仍然孤独、坚韧地奋斗着，这才是成功者的素质。

只要永不屈服，就不会彻底失败。不管失败过多少次，不管时间早晚，成功总是可能的。对于一个没有失掉勇气、意志、自尊和自信的人来说，就不会有失败，他最终是一个胜利者。

第七节　加菲尔德
——成功等于苦难加奋斗

詹姆斯·艾伯拉姆·加菲尔（1831年—1881年9月19日）德美国政治家、数学家，美国共和党人，美国第20任总统。他在美国南北战争期间加入北方军队，与南方奴隶制军队作战，拥有少将军衔。曾于1881年当选总统，他的任期正处于从政党分肥制到文官制的过渡时期，他在上任半年后被一个谋官未成者暗杀而死。他在数学方面的贡献主要是在勾股定理的证明方面的新成就，他也是美国历史上唯一一位数学家出身的总统。

苦难 + 奋斗 = 成功

很多年以前，在俄亥俄州丛林中的一间小木屋里，一个可怜的妇女抱着18个月大的婴儿，苦苦地祈求上帝，保佑孩子无灾无难、健康成长。这个孩子是她此生唯一的希望和寄托，她的丈夫刚刚撇下他们母子，去了天堂。对她来说，世界已经失去了原来的颜色。

上帝仿佛听到了她的祈祷，这个婴儿平平安安地慢慢长大了，母亲为此感到欣慰不已。为了给母亲分忧，他小小年纪就学会了劈柴，还在森林中开垦了一片荒地，种了一些庄稼。除了帮助母亲干活，他还非常努力地学习，经常借书阅读。

16岁时，他已经像一个成年人一样，能够一个人把一群骡子赶到城里去。于是母亲帮他在一个学校找到一份差使——擦洗地板和打铃，所得的报酬正好够他的学习费用。

第一个学期，他花费了17美元，到下一个学期开学时，他的口袋里只有6个便士。第二天，他又把这个仅有的6个便士扔进了教堂的捐献箱中。他在一个木匠那里找到了新的工作，每个晚上及周末，他要为木匠刨木板、清洗工具、管理灯火等等，每周的工资是1美元6美分。在工作后的第一个星期六，他一口气刨好了51块木板，木匠很欣赏他的勤奋，额外给了他1美元2美分的奖励。这一学期，他不仅自主付清了所有的学习费用，还有了3美元的结余。同年冬天，他找到了一份家庭教师的工作，月薪是12美元，如果时间充足，他还继续帮那个木匠刨木板。等到来年春天，他居然积攒了整整48美元，在新学期，他每个月的生活费用提高到了31美分。

很快地，这个小伙子以优异的成绩进入威廉姆斯学院。两年之后，再以同样优异的成绩从那里毕业。在26岁那年，他成功地进入了州议会。33岁，他已经成为年轻的国会议员。而27年之后，这个当年的孤儿走进了白宫，成为美利坚合众国的总统，他就是詹姆斯·加菲尔德。

不是每一个人都能成为总统，也不是只有成为总统才算是成功。只要我们在逆境和苦难中坚强奋斗，我们就一定会取得属于自己的成就。

青少年朋友们应该记住：你的出路就在你自己身上，只有把命运掌握在手中，才能争取更多的机会，并最终走向成功。在漫漫人生道路上有许多曲折坎坷，成功是由无数磨炼构成的，我们要以一种积极自信的心态去战胜各种困难。积极的人总能勇敢地面对出现的问题，他们敢于采取快速的行动，做出挑战困难的决策，他们会毫不犹豫地解决这些阻碍他们前进的问题，最终取得成功。

愈挫愈勇

罗丹是法国著名雕塑家。他善于用丰富多样的绘画性手法塑造出神态生动、富有力量的艺术形象。罗丹一生中创作了许多速写，别具风格，并有《艺术论》传世。他的创作对欧洲近代雕塑的发展有着巨大的影响。

曾被认定毫无才能的他，用坚强的毅力和杰出的成就，做了最有力的回击。

罗丹在欧洲雕塑史上的地位，正如诗人但丁在欧洲文学史的地位。罗丹和他的两个学生马约尔和布德尔，被誉为欧洲雕刻"三大支柱"。但是，就是这样一位杰出的艺术天才，在青年时代，却连续三次被巴黎艺术专科学校拒之门外，并给出结论说"此生毫无才能"。

罗丹出身于一个贫穷的基督教家庭，父亲是一名警务信使，母亲是穷苦的平民妇女。罗丹从小喜爱美术，其他功课却很糟糕。在姐姐玛丽的支持下，失望的父亲不得不同意把他送进不用考试就可以进入的巴黎美术工艺学校。

罗丹进的美术工艺学校，是教授学生在这里学习装帧艺术和制图的地方，在这里他遇到了终生敬仰的启蒙老师勒考克。勒考克是一个普通的美术教员，但他一开始就鼓励罗丹忠实于真正的艺术感觉，而不要按照学院派的教条循规蹈矩地去完成"任务"。

也许正是这种教导影响了罗丹的一生。在此期间，他常去罗浮宫临摹大师的名画。由于买不起油画颜料，罗丹转到了雕塑班，并从此爱上了雕塑。勒考克又介绍他到当时法国著名的动物雕塑家巴耶那里去学习，使他受到良好的基础训练。

在度过三年艰苦而勤奋的学习时间后，罗丹踌躇满志，准备投考巴黎美术学院。勒考克把罗丹介绍给当时著名的雕塑家曼德隆，让他作为推荐人在罗丹的入学申请书上签字，但这没有起到任何作用，罗丹落选了，第二年依然落选。第三年，一个老迈的主考人在罗丹的名字旁边干脆写上："此生毫无才能，继续报考，纯系浪费。"就这样，未来的欧洲雕刻巨匠，竟被巴黎美术学院永远拒之门外。他们认为像这样不能按照正统的学院派技法创作的人是不会成才的。

但他的恩师不以为然，他鼓励罗丹说："你认为米开朗基罗需要进美术专科学校吗？"

罗丹重新回到勒考克身边，在他的帮助和支持下，开始了边工作边自学的奋斗生涯。雇不起模特儿，他就请一个塌鼻的乞丐毕比给他当模特儿。乞丐的丑陋使罗丹看到了在其被磨损的脸上，有着人类所共有的愁苦和凄凉，同时他也想到了那位终生辛苦劳作而孤独的雕塑大师米开朗基罗。在罗丹的眼中，生活的美丑和艺术的美丑有了不同意义。他创作时注意作品表面的表现，将其所要展现的思想内涵融入作品中去，使雕塑艺术成为一种强有力的语言。这一艺术思想正是大师米开朗基罗在晚年苦苦追求的，而经过300多年后第一次在罗丹的作品《塌鼻男人》得以成熟展现，并伴随其一生，成为艺术的灵魂和魅力的源泉。

罗丹不仅是一位雕塑大师，同时又是一位伟大的老师。他的学生或者助手，哪怕是仅仅有过交往的，都在艺术上受到了罗丹的影响。但罗丹作为先生从不在艺术观点上束缚学生们，因此他的学生都能秉承自己的独特风格而脱颖而出。

罗丹一生没有经过正统的美术和雕塑教育，他的创作始终与学院派格格不入，但是他相信自己的天分，始终以坚强的意志和顽强的毅力追求着自己的艺术感觉，终于登上米开朗基罗之后的又一高峰。

如果不对失败低头，那你就永远没有输。失败并不可怕，可怕的是你失去了面对失败的勇气。生活不可能一帆风顺，大大小小的失败、挫折不计其数，如果我们没有一个良好的心态，对困难望而却步，那么等待自己的将是一个更大的失败。

不可否认，失败会带给我们一度的消沉，但那只是暂时的。当失败过后，我们会变得坚强，变得沉着，变得成熟，变得更有魅力；当失败过后，我们才发现，失败的经验和教训教给了我们很多东西，它是我们成长中必不可少的甘露。所以，我们不得不感谢失败带给我们的宝贵经验，不得不感谢失败带给我们一生的财富。

生命中，当我们受到某个人的帮助时，我们会以一颗感恩的心铭记一生，而面对失败，我们却一度地认为它是专门和你作对的敌人。其实不然，一个人能有所作为，失败是功不可没的，只要我们换一个角度去想，失败又何尝不是一位对我们不求回报的恩人呢？只要我们越挫越勇，永不放弃，我们就一定会取得成功。

第八节　拿破仑·希尔
——换个方向也许就是成功

拿破仑·希尔（1883年—1969年），世界最早的现代成功学大师、励志书籍作家，他创造性地建立了全新的成功学。

成功来源于另辟蹊径

著名的成功学家拿破仑·希尔在给学生授课的时候讲过这样一个故事，启发学生怎么才能找到成功的方向。

美国有一家百货公司，开业之后生意出乎意料的好。原先装置两部电梯根本不够用，顾客们经常为了在狭窄入口处等候电梯而焦躁不安，怨声载道。

为了解决这一问题，公司召集干部会议，请大家筹谋划策。有人建议另装一部电梯，但这个建议须破坏原有建筑，大家认为不可行；有人建议加快电梯的速度，但电梯的速度已经够快了，不能再加速。大家提了很多的方案，但是讨论很久均不可行，不得不放弃了那些方案，于是公司向员工征求建议。

后来有一位职员提议，放弃从电梯问题入手思考，建议在一楼电梯附近的墙壁上均加装大镜子。公司采纳此案，结果四周的镜子不但使顾客感觉入口宽敞多了，而且许多顾客利用等电梯的时刻整肃仪容。顾客的焦躁感，只因为几面大镜子轻易地消失了。

另辟蹊径，也许这就是拿破仑的成功学。当一切无计可施的时候，换一个方向也许就能成功了。

也许循规蹈矩的生活，使我们逐渐失去了上进的激情。但是你有没有想过，换一种心态，用另一种方式生活，也许会有不一样的收获。

生活是给有准备的人去冒险的，从不同的方向，用不同的方式去实现你的目标，收获意外的惊喜。即使会失败，但就在你从新出发的那刻起，你就是成功者。换个方式，换个方向，也许能早点找到属于你的美丽风景。

发现新的途径

迈克尔·戴尔曾是世界上最年轻的亿万富翁之一，他创办的戴尔公司曾在全球电脑市场中的占有率居于第一，是世界领先的电脑系统厂商。本人也荣获《首席执行官》杂志评选的"2001年度首席执行官"、《金融世界》和《工业周刊》杂志评选的"年度首席执行官"等称号。

迈克尔·戴尔出生在美国得克萨斯州休斯敦市，他从小天资聪颖，人称"小神童"。1973年，当时还只有8岁的戴尔看到了一则广告，说经过一种专门考试，就可以免除不必要的环节，直接拿到高中毕业文凭。他马上就拿起电话申请，希望能更快更好地解决自己的高中文凭问题，直接进入大学。无论是测试公司的人还是戴尔的母亲都认为那只是戴尔的一个恶作剧而已，谁也没有想到的是，这次经历却深深地影响了他日后的商业操作理念。这种着迷于消灭中间环节的个性，可以为未来戴尔越过中间商，创新地实施"直接销售"找到某种程度的解释。

在12岁那年，戴尔进行了人生的第一次生意冒险——为了省钱，他不想再从拍卖会上买邮票，而是通过说服邻居把邮票委托给他，然后在专业刊物上刊登卖邮票的广告。出乎意料地是他赚到了2000美元。这是他一生中的第一笔买卖，也是他第一次认识到免除中间商的巨大威力。在尝到少年时直接销售的甜头后，戴尔在以后的创业尝试中，把这一"直接模式"发挥得淋漓尽致。

初中时，戴尔拥有了一台苹果电脑，并迅速将兴趣转向电脑背后的商机。不久，他注意到了商业用途更多的IBM个人电脑。他热切地学习一切有关电脑的知识，利用卖报纸所赚到的钱来购买电脑零部件，然后将电脑改装后卖掉，获取利润，接着再改装下一台。

这期间，他发现电脑的售价和利润空间很没有常规。一台售价 3000 美元的 IBM 个人电脑，零部件可能只要六七百美元就能买到。而且，大部分经营电脑店的人不太懂电脑，并不能为顾客提供技术支持。而他当时已经在买进一模一样的电脑零件，并把电脑升级后卖给认识的人。多次交易后，戴尔脑子里涌现了一个想法：只要自己的销量再多一些，就能够跟那些电脑商店去竞争，因为没有中间商，自己改装的电脑不但有价格上的优势，还有品质和服务上的优势，即能够根据顾客的直接要求提供不同功能的电脑。这也启迪他日后创造了"比顾客更了解顾客"的市场细分战略。

1984 年，戴尔从学校退学，在奥斯汀一间办公室开设了自己的公司，命名为"戴尔计算机公司"。随后的几年，戴尔公司从一家名不见经传的小公司不断壮大，成为计算机界举足轻重的新盟主，它的实力已与康柏、IBM 这些业界元老们难分伯仲，这多半要归功于戴尔推行的低价直销经营的策略。

戴尔的成功，其中最突出的也是不同于一般公司的是：戴尔公司迅速崛起并不是依靠领先的技术，它依靠的是一种观念、一种商业模式，而且更难能可贵的是这是一个并不被普遍看好的模式。实际上，戴尔公司从诞生之日起，就一直被各种非议和潮流所包围，但是戴尔却不为潮流所动，而是抓住市场新苗头，预测市场变化，引导新的需求，正所谓"取人之弃，独得其利"。

1997 年，32 岁的戴尔成为了得克萨斯州的首富。

戴尔之所以能取得今天的杰出成就，与那些神奇的软件和芯片并无太大联系，而是在于戴尔的敢于创新、取人之异。他最为世人所瞩目的一个伟大创举就是将大型计算机市场的营销策略成功地应用在了个人电脑市场之中，也就是通过直销进行产品销售，而这源于他在生活中的留心观察，所得出的一种更能解决问题的新途径。

不管是在现实生活中，还是书本的世界里，能够被我们发觉的知识到处都是，只要我们认真仔细地去寻找，我们就会明白"处处留心皆学问"。

青少年的生活范围尽管相对来说比较窄，但生活是个大舞台，更是一本"取之不尽，用之不竭"的活教材，它为青少年提供了活生生的现实，贡献出了比教科书更详尽、更感性、更生动、更富有人情味的环境。青少年应该主动地将自己融入其中，按照自身的发展需要塑造自己、改变自己，在实际问题中获得全面进步，最终形成适应未来生活所需要的各种素质，进而可以通过新的途径，成功地创造未来。